마트 하트 아트 – 사람을 남기고 성과를 만드는 현장형 리더십의 모든 것

마트 하트 아트 - 사람을 남기고 성과를 만드는 현장형 리더십의 모든 것

초판 1쇄 발행 2025년 9월 9일

지은이 : 하상미
발행인 : 박요철
편집장 : 박요철
편집 : 정은진
디자인 : 안은정
펴낸 곳 : 비버북스
출판신고 : 2024년 8월 14일 제 2024-000104호
주소 : 경기도 성남시 분당구 서현로478번길 7
문의 : hiclean@gmail.com
ISBN : 979-11-988900-9-2(03810)
값 15,900원

이 도서의 국립중앙도서관 출판예정도서목록(CIP)은 서지정보유통지원시스템 홈페이지(scoji.nlgo .kr)와 국가자료공동목록시스템(www.nlgo.kr/kolirkrkd강net)에서 이용하실 수 있습니다.

마트 하트 아트 – 사람을 남기고 성과를 만드는 현장형 리더십의 모든 것

목차

2부.　HEART　　　　　96

프롤로그

프롤로그
— 마트에서 시작된 나의 예술, 그리고 마음

30년이라는 시간은 길다면 길고, 짧다면 짧다.

나는 그 세월을 마트라는 무대와 함께했다.

돌이켜보면 그 시간 동안

내가 가장 깊이 붙잡고 씨름한 것은 언제나 '사람'이었다.

주변 사람들은 종종 내게 물었다.

"그 힘든 일을 어떻게 그렇게 오래 하셨어요?"

그럴 때마다 나는 웃으며 대답하곤 했다.

"그건 일이 아니라, 제 삶이었거든요."

고객의 마음을 어떻게 얻을 것인가,
직원들이 지치지 않고 일할 수 있으려면 어떻게 해야 할까,
동료와 함께 성장하려면 무엇을 나눠야 할까.
이 질문들이 내 일상의 중심에 있었다.

판촉은 단순히 물건을 파는 일이 아니었다.
같은 제품, 같은 매장, 같은 가격이라도
누가 그 자리에 서 있느냐에 따라 결과는 완전히 달라졌다.
고객 한 사람 한 사람과 눈을 맞추고,
그들의 마음을 얻는 사람만이
특별한 매출을 만들어낼 수 있었다.

그래서 나는 이 일을 '예술'이라고 부르기로 했다.
말을 잘하는 것은 기술에 불과하다.
하지만 마음을 얻는 것은 예술이다.

나는 그런 예술을 함께 해낼 드림팀을 만들었다.
그 팀은 판촉의 가능성을 완전히 새롭게 보여주었고,

'프로모션'보다 사람의 신뢰가

더 큰 매출을 만든다는 사실을 직접 증명했다.

그러나 이 책은 단순히 매출 성공담을

기록하기 위한 것이 아니다.

30년 현장에서 겪은 수많은 순간들,

사람들과 함께 쌓아온 판촉의 여정,

그리고 지금도 여전히 '판촉예술가'들과 함께

매일 새롭게 시작하는 사람의 이야기를 담았다.

기술보다 태도를 먼저 배우게 되었고,

매출보다 마음을 먼저 바라보게 된 건

결국 이 일이 '사람을 만나는 일'이었기 때문이다.

나는 '을'의 자리에서 시작했지만,

어느 순간부터는 내 삶을

'갑'처럼 스스로 이끌 수 있게 되었다.

고객의 목소리에 귀 기울이고, 동료의 무게를 함께 짊어지며,

나 자신의 이야기를 마트라는 무대 위에서 펼쳐왔다.

그 과정에서 나는 예술가가 되었고,

그 예술 속에는 언제나 사람이 있었다.

때로는 고객 앞에서 던진 짧은 한마디가 사람을 움직였고,

때로는 동료에게 건넨 작은 격려가

누군가의 하루를 붙들어 주었다.

실패도, 두려움도, 후회도 분명히 있었다.

그러나 나는 멈추지 않았고, 언제나 용기를 내야만 했다.

어린 시절 "죽기 아니면 까무러치기"라며 외치던 구호처럼,

나는 늘 그렇게 버티며 달려왔다.

이 책이 누군가에게 작은 용기가 되었으면 한다.

오늘도 고객 앞에 서서 고군분투하는

누군가에게 전하고 싶다.

"당신의 매일이 이미 예술입니다."

– 캡틴판양, 하상미

1부. MART

소통의 기술, 공감의 예술

나는 매일 아침 출근 전,

거울 앞에 선 나 자신에게 먼저 미소를 건넨다.

작은 스마일 하나가 하루를 바꾸어주리라는 믿음으로.

"오늘도 끝내주는 하루가 될 거야."

그렇게 스스로 다짐하며 집을 나선다.

십수 년 동안 수많은 고객을 만나며 소통해온 세월.

그 시간 속에서 나는 정말 많이 웃었고,

웃은 만큼 눈물도 흘렸다.

고객의 요구를 이해하고 응대하기 위해

스스로 기술을 익혔고,

그 기술을 조금씩 갈고닦으며 결국 예술로 만들어왔다.

고객과의 소통이 예술로 변하는 순간은

바로 '경청'에서 시작된다.

고객의 말을 끝까지 들어주는 것,

그리고 그 말 속에 담긴 감정을 놓치지 않는 것.

물론 무작정 들어주기만 할 수는 없다.

그래서 때로는 고객의 말을 요약해

확인해주는 방식이 더 좋은 소통이 된다.

"말씀을 정리해보면 이런 뜻이신 거죠?"

라는 한마디는,

내가 당신을 제대로 이해하고 있다는 증거가 된다.

그다음은 '공감'이다.

"그렇게 느끼실 수 있겠네요."라는 짧은 말 한마디가

고객의 마음을 크게 움직인다.

자신의 감정이 존중받고 있다고 느끼는 순간,

고객은 이미 내 편이 된다.

질문도 중요한 기술이다.

"어떤 점에서 불편하셨나요?"라고 묻는 순간,

고객의 상황은 더 구체적으로 드러난다.

이때 절대 피해야 할 단어들이 있다.

'안 돼요, 몰라요, 없어요.'

이른바 '3불 용어.'

고객에게 불친절과 무관심의 신호로 들리기 때문이다.

대신 "지금은 어렵지만 이런 방법은 어떠세요?"

라고 제안하는 태도가 필요하다.

말뿐만이 아니다.

눈을 맞추고, 바른 자세로,

따뜻한 미소를 짓는 비언어적 소통은

때로 말보다 더 큰 힘을 가진다.

마지막으로 고객과의 만남 이후 피드백을 받고,

그 목소리를 반영해 서비스를 개선하는 노력은

신뢰를 쌓는 든든한 토대가 된다.

결국, 고객과의 관계는

단순히 상품을 파는 일에서 끝나지 않는다.

그것은 '소통의 기술'이자 '공감의 예술'이다.

기술은 반복을 통해 익힐 수 있지만,

마음을 얻는 예술은 오직 진심에서 비롯된다.

대화와 협력을 넘어,

우리는 소통과 공감을 기술처럼 연습하고

예술처럼 연마해야 한다.

그것이야말로 사람과 사람이 만나는 순간,

가장 빛나는 능력이 아닐까.

'을'의 자리를 빛나게 만드는 법

사람을 다루는 일이 가장 어렵다고들 한다.

인적 아웃소싱 일을 오래 하다 보니,

나는 종종 이런 질문을 받는다.

"그렇게 골치 아픈 일을 어떻게 오래할 수 있냐"고.

사람들은 대단하다며 말하지만,

나는 그저 미소 지으며 대답한다.

"내가 대단한 게 아니라,

오래 하다 보니 굳은살이 생긴 거예요.

인내심이라는 무기도 덤으로 얻었죠."

사람을 상대하는 일은 정말 쉽지 않다.

기시미 이치로와 고가 후미타케가 쓴 책,

『미움받을 용기 』에서도 인간의 모든 고통은

인간관계에서 비롯된다고 하지 않았던가.

내 일은 그 말 그대로,

사람과의 관계로 가득 차 있다.

사무실은 하루도 조용한 날이 없다.

전화벨 소리, 직원들의 통화 소리,

간간이 들려오는 한숨 ….

키보드 두드리는 소리와

프린터 돌아가는 웅웅거림이 배경음악처럼 깔린다.

판촉 사원이 갑자기 아파서 못 나온다 하질 않나,

집안 사정으로 일을 못 하겠다고 하질 않나,

때론 연락조차 두절되기도 한다.

그런 날이면 가슴속에 커다란 돌덩이가

내려앉는 듯 무겁다.

그중에서도 잊히지 않는 황당한 사건이 있다.

중요한 행사 첫날,

한 아르바이트 사원이 출근 준비하다

계단에서 미끄러져 발등을 다쳤다고 연락을 해왔다.

비가 내리던 날,

창문을 두드리는 빗방울 소리가 소음처럼 들리는 와중에,

팀장의 한숨이 더 크게 가슴을 짓눌렀다.

병원 확인서를 요구했더니,

그 사원이 보내온 건 진료서가 아니라

꿰맨 듯 보이는 발등 사진이었다.

우리는 다친 줄 알고 고객사에 곧장 보냈지만,

이내 고객사에서 화가 난 목소리가 들려왔다.

다시 보니, 그것은 진짜 꿰맨 상처가 아니라,

마치 장난처럼 발등에 펜으로 그림을 그려 놓은 것이었다.

숨이 막히는 순간, 땀이 비 오듯 흘렀다

급한 마음에 확인도 못 하고 보낸 우리 탓이었다.

그날을 떠올리면 여전히 식은땀이 흐른다.

하지만 그 경험은 나를 더 단단하게 만들었다.

무엇보다 깨달은 것은

'갑'일 때는 미처 알지 못했던 '을'의 무게였다

권한을 가진 자리에선

가볍게 보일 수도 있는 말과 행동이,

'을'의 위치에서는 짐처럼 무겁게 다가온다는 것을.

그러나 분명한 사실도 있다.

'을'의 자리에 있어도 맡은 일을 제대로 해내면

충분히 당당해질 수 있다는 것이다.

처음엔 주눅 들었던 나도,

일을 끝까지 책임졌을 때 가장 떳떳했다.

고객사의 무리한 요구 앞에서도

내가 할 일을 분명히 하고 상황을 설명하면,

오히려 그들이 나를 신뢰했다.

'을'의 자리에서 자존감을 지키는 일이

얼마나 중요한지도 그때 알게 되었다.

사람들은 흔히 '을'을 약자로 생각한다.

하지만 나는 다르게 본다.

진정성을 담아 맡은 일을 제대로 해내면,

누구도 그 가치를 무시할 수 없다.

'을'로 시작해도 충분히 빛날 수 있다.

결국 중요한 건 '갑'이냐 '을'이냐의 구분이 아니라,

내가 어떤 태도로 일을 대하느냐다.

때로는 그 모든 구분조차 잊고,

내 일을 사랑하며

내 자리에서 최선을 다하는 것이 더 행복한 길일지도 모른다.

부처가 한 다음 말처럼 말이다.

"인내심을 가져라.

모든 것은 적당한 때에 결국 네게 올 테니

언젠가 너는 네가 있어야 할 곳에서

너와 함께할 운명인 사람과

네가 해야 할 일을 하며 살 것이다."

- 부처 / 코이케 류노스케, 초역 부처의 말, 포레스트북

고객의 마음을 여는 말

세일즈에서 고객과의 거리를
단번에 좁히는 방법 중 하나는 바로
"미투(Me too)" 화법이다.

사람은 본능적으로
자신과 비슷한 경험이나 취향을 가진 사람에게
친근함을 느낀다.
이 원리를 세일즈 현장에 적용하면,
단순히 제품을 소개하는 것을 넘어

고객과 진짜 관계를 맺는 출발점이 될 수 있다.

예를 들어 고객이

특정 제품을 선호한다고 말했을 때,

"고객님, 저도 사실 OO보다는 OO를 더 좋아합니다"

라고 답해보자.

그러면 대화 속에 자연스러운 공감대가 생기고,

그 순간 고객은

"이 사람은 나와 비슷한 생각을 하는구나"

라는 안도감을 갖게 된다.

여기에

"저도 사실 색깔 옷보다는 흰 옷이 훨씬 많아요"

처럼 자신의 경험을 덧붙이면,

고객은 나와의 공통점을 발견하며 한결 더 편안해진다.

이러한 미투 화법은

단순히 공감의 표현을 넘어 신뢰로 이어진다.

고객은 자신과 닮아 있는 판매자를

더욱 긍정적으로 평가하고,

이는 결국 제품에 대한 호감과 구매 가능성으로 연결된다.

또한 제품을 고민하거나 질문할 때,

상대가 나와 같은 시각을 가진 사람이라는 사실은

불안감을 덜어주고 존중받는다는 감각을 심어준다.

결국 판매자는 고객의 마음을 더 깊이 이해하고,

그에 맞는 솔루션을 제시할 수 있는 기회를 얻게 된다.

단순히 물건을 파는 자리에 그치지 않고,

고객이 "나를 존중해 주는 사람"이라는

경험을 하게 되는 것이다.

판매의 본질은 결국 관계다.

고객이 나와의 대화 속에서 소중한 존재로 느껴지고,

그들의 필요와 기대가 반영된다는 감각을 가질 때,

비로소 진정한 세일즈가 시작된다.

"미투"라는 짧은 말 한마디가

고객과 나를 잇는 다리가 되어,

단순한 거래를 넘어선 신뢰의 관계로 이어질 수 있는 것이다.

고객은 언제나 '왕'인가요?

10여 년 전과는 너무도 다르게

판촉 시장에서 일하는 판촉사원들도

점차 나이를 먹어가고 있다.

과거에는 판촉사원의 기준이 나이와 외모,

앞치마 착용 여부 등으로 나뉘었지만,

이제는 사실 그 경계가 모호해졌다.

특히 20대와 30대의 젊은 세대가

판촉을 직업으로 여기는 경우는 더욱 드물다.

적어도 그때 대학생들은

편의점, 카페, 패스트푸드 아르바이트 대신

방학 기간 동안 시급이 조금 더 높은

판촉 일을 택하는 추세다.

우리 고객사 중

2월 밸런타인데이 초콜릿 판매를 위해 채용한 판촉사원

400명 중 300명 이상이 대학생이었다는 점이

이를 잘 보여준다.

현재 우리 회사의 여성 판촉사원의 정년은 60세이며

60세 이상 근로자가 전체의 약 20%를 차지한다.

이분들은 손자, 손녀에게

맛있는 것을 사줄 수 있는 돈을 벌기 위해,

그리고 이 나이에도 직업이 있다는 감사한 마음으로

하루하루 최선을 다해 고객을 응대하고 있다.

그런데 OO마트에서 일하는 한 판촉사원이

더 이상 그 매장에서 일할 수 없게 된 사건이 있었다.

사건의 발단은 30대 여성 고객이

우리 제품을 만지작거리며 가격을 물어본 후

결국 경쟁사의 제품을 선택하면서 시작되었다.

당시 우리 직원은 진열 작업 중

잇몸에 이물감을 느껴 본의 아니게 "퉤" 하고 뱉었는데

공교롭게도 그 순간에 고객이 지나갔던 것이다.

고객은 자신에게 침을 뱉었다고 오해하여

고객센터에 항의했고,

이 사건으로 인해 우리 직원이

매장에서 일할 수 없게 된 것이다.

마트 측은 고객에게 사과하라는 요청과 함께,

해당 직원이 고객의 집을 방문해

정식으로 사과할 것을 요구했다.

비록 고의는 아니었으나

60대 초반의 판촉사원은 진심을 담아

30대의 딸벌인 고객에게 죄송하다고 사과했다.

고객은 사과를 받아들였지만,

그럼에도 해당 직원이

매장에서 다시는 일하지 않았으면 좋겠다는 요구를 했고

결국 마트 측은 그 요청을 수용해

판촉사원의 근무를 중단시켰다.

고객은 언제나 '왕'인 걸까?

만약 그 고객의 어머니가 그 자리에 있었다면,

그는 똑같은 요구를 했을까?

어쩌면 '고객의 권리'라는 이름 아래

판촉사원의 존엄과 노력은 간과되는 건 아닐까?

나이가 들어서도 정성을 다해 일하고자 하는

그 마음을 이해해 줄 여유는 어디로 사라진 걸까.

이제는 우리 모두가 잠시 멈춰 서서

생각해 볼 때가 아닐까.

누군가의 하루와 자부심을 그저 '서비스'의 일부로

치부해도 되는 것인지 말이다.

복덩이 캡틴판양

사람은 태어나면서 세 가지 운을 타고난다고 한다.

바로 천운(天運), 지운(地運), 인운(人運)이다.

천운은 하늘이 정해준 운이다.

부모가 누구인지, 내가 태어난 환경, 성별처럼

바꿀 수 없는 것들이 포함된다.

지운은 타고난 재능을 말한다.

어떤 사람은 그림을 잘 그리고,

어떤 사람은 음악에 탁월한 능력을 타고나는데,

이런 것도 쉽게 바꿀 수 없는 운이다.

하지만 마지막으로, 인운(人運)이 남아 있다.

이건 다르다.

인운은 내가 어떤 사람을 만나고,

그 사람과 어떤 인연을 맺는지에 따라 달라지는 운이다.

인운은 내가 노력하고 가꾸면 얼마든지 바꿀 수 있다.

나 역시 인생의 여러 순간에서 사람들을 만나며

인운의 중요성을 깊이 깨달았다.

힘든 순간에도 좋은 사람을 만나면 다시 일어설 수 있었고,

반대로 잘못된 사람과의 인연은 나를 힘들게 하기도 했다.

하지만 그 관계를 어떻게 정리하느냐에 따라

내 인생의 방향이 달라진다는 것을 알게 되었다.

그래서 원망이나 불만을 품고 인연을 끝내서는 안 된다.

얼굴에 불평이 가득한 사람에게는

아무리 좋은 운이 다가와도 금방 돌아서게 된다.

오히려 감사하는 마음으로 끝을 아름답게 맺으면,

더 좋은 인운을 만나게 된다.

인연이 끝날 때에도

처음 만났을 때의 따뜻한 마음을 잊지 않으면,

그 인연은 나에게 더 큰 배움과 성장을 가져다주는

인운으로 남게 될 것이다.

어릴 적엔 천운 중에서도 부모운에 대해 자주 생각했다.

'아, 좀 더 부자인 부모님을 만났으면 어땠을까?

좀 더 선망받는 직업을 가진 부모님에게 태어났으면

나 역시 다른 삶을 살지 않았을까?'

소위 잘난 부모를 둔 친구들이 부럽고 샘이 나기도 했다.

스물아홉이 되던 해, 엄마 생신날이었다.

나는 엄마를 위해 준비한 500만 원이 든 봉투를 손에 쥐고,

한 걸음 한 걸음 들뜬 마음으로 집으로 향했다.

엄마에게 이 선물을 줄 생각에 마음이 설렜지만,

한편으론 묘하게 무겁고 복잡한 기분이 들었다.

내가 준비한 봉투를 엄마가 좋아하실까?

아니, 봉투에 담긴 건 돈이 아니라,

그동안 엄마가 자식을 위해 해주신

수많은 희생에 대한 작은 보답일 뿐이라는 생각이 들었다.

"잘난 딸 덕분에 먹고 싶은 거,
입고 싶은 거, 갖고 싶은 거 사.
이 돈은 오롯이 엄마를 위해 쓰세요"
라는 쪽지와 함께 봉투를 건넸다.

엄마가 봉투를 받아 드는 순간,
잠시 멈칫하며 그 봉투를 바라보았다.
엄마의 눈가에 맺힌 눈물,
그 뒤에 숨어 있는 수많은 희생과
자식을 향한 사랑이 비쳐 보였다.

"잘난 딸 덕분에 이제 나도 한 번 호강 한번 해볼까?
고맙다, 내 딸."

그동안 나는 잘난 부모를 둔 친구들을 부러워하고,
왜 내게는 그런 부모가 없는지 조금은 억울해하며 살아왔다.
하지만 이제는 알았다.
부모님의 희생이 오늘의 나를 만들어 주었고,

내가 이 자리에 설 수 있게 도와준 건
바로 그런 부모님의 사랑이었다는 걸.
그 순간 나는 마음 깊이 다짐했다.

'그래, 내가 부자 부모에게 태어나지 않았다면
내가 부모님께 남들이 부러워할 딸이 되어야지.'

내가 꿈꿨던 부자 부모님이 아닌
지금의 나를 만들어준 부모님이 있기에 오늘의 내가 있다.
그리고 이제는 내가 그들에게
인운을 돌려줄 수 있는 존재가 되어야겠다고.
모든 인연은 이렇게 순환하는 게 아닐까.
누군가의 희생이 다른 누군가의 행복이 되고,
그 인연이 우리를 다시 일어서게 하고,
더 나은 방향으로 이끈다.

나는 오늘도 인운을 가꾸며 산다.

진짜가 되고 싶은 가짜

세상에는 금빛을 흉내 내며 반짝이는

수많은 가짜들이 있다.

겉을 얇게 도금해

사람들의 눈을 속일 수 있으리라 믿지만,

그들이 간과하는 것이 있다.

도금이 벗겨지는 순간, 진짜가 가진 깊이와 본질은

결코 감출 수 없다는 사실이다.

처음엔 그럴듯한 포장이 눈길을 끌 수 있다.

하지만 손끝에 닿는 무게감,

빛깔 속에 숨어 있는 미묘한 차이,

시간이 흐르면서 더욱 선명해지는

진짜의 광채와 가짜의 퇴색은 결국 드러나고 만다.

우리 고객사의 No.1 브랜드를 모방한

가짜 제품도 마찬가지다.

겉모습은 흡사할지 몰라도,

직접 사용해보거나 맛을 보는 순간

차이는 명확히 드러난다.

진짜가 가진 고유한 감촉과 내구성,

그리고 사용 후 남는 만족감은

결코 흉내 낼 수 없는 영역이기 때문이다.

진짜는 시간이 지나도 변치 않는 황금빛을 지닌다.

그 본질은 언제나 스스로의 힘으로 빛을 발한다.

반면 가짜는 잠시의 반짝임에 불과하고,

결국 이내 빛을 잃는다.

가짜로는 절대 채울 수 없는 진짜만의 가치.

그 차이는 손끝에서, 일상에서, 경험 속에서
분명하게 느껴진다.

진짜를 선택한다는 것은 단순한 소비가 아니라,
그 자체로 차별화된 경험을 누린다는 의미다.
가짜가 아무리 진짜가 되고 싶어도,
언젠가는 깨닫게 될 것이다.
진짜는 흉내 내는 것이 아니라,
자기 자신으로 존재하는 것임을.

현재 고객부터 만족시켜라

사람들은 흔히 말한다.

"부족함을 모르면 만족도 모른다"고.

그 말이 요즘처럼 피부에 와닿은 적도 없었던 것 같다.

하루가 멀다 하고 "어머, 진짜?",

"와…." 같은 말이 절로 나오는 세상.

도무지 상식으로는 이해되지 않는 사건·사고들이

연일 뉴스를 뒤덮는다.

그럴수록 절로 드는 생각은,

"오늘도 무사히"라는 말이

얼마나 소중한지에 대한 깨달음이다.

아무 일 없이 하루를 마무리할 수 있다는 것만으로도

감사한 요즘이다.

이 풍진 세상을 만났으니 너의 희망이 무엇이냐

부귀와 영화를 누렸으면 희망이 족할까

푸른 하늘에 밝은 달 아래 곰곰이 생각하니

세상만사가 춘몽 중에 또다시 꿈같도다

- 〈희망가(希望歌)〉, 개화기 창가(唱歌)

나는 늘 어제보다 나은 오늘을 살자고 다짐했다.

나의 경쟁자는 어제의 나.

노력하지 않으면서 더 나은 내일을 꿈꾸는

헛된 기대는 이제 내려놓자고 말이다.

그건 마치, 로또를 사지도 않으면서

당첨만 바라며 하늘을 보는 것과 다르지 않으니까.

인적 아웃소싱 일을 하며

언제나 내 목표는 하나였다.

고객사의 만족을 높여

계약을 연장하는 것.

그래서 기회만 생기면 입찰에 참여했고,

하나라도 더 해보겠다는 욕심으로

여러 업체와 손을 잡았다.

하지만 돌아보면 그 욕심이 내 역량을 분산시켰고,

결국 나도 벅차고, 고객사도 만족하지 못했다.

그때 깊이 깨달았다.

"현재 고객사도 만족시키지 못하면서

무슨 새로운 고객사야."

그래서 방향을 틀었다.

현재에 충실하자고.

지금 함께하는 고객사에게,

지금 내 손 안에 있는 일에 최선을 다하자고.

그렇게 다시 시작했다.

조금씩 고객 만족도가 올라갔고,

나중에는 여러 업체가 나누어 맡았던 서비스를
우리 회사가 단독으로 담당하게 되었다.
무엇보다도 내가 감당할 수 있는 범위 안에서
고객사에게 확실한 신뢰를 줄 수 있었기에 가능했던 일이다.

이제 와 돌아보니,
모든 날이 특별하지는 않았지만
매일매일 성실히 쌓아 올린 시간들이
지금의 나를 만들었다.

작은 뿌듯함, 사소한 피로,
아무도 모르게 흘린 땀방울,
그 모든 순간이 나에게만큼은 소중한 기록이었다.
내일도, 지금처럼만.
조금은 지치고, 조금은 서툴러도
내가 할 수 있는 최선을 다하며 살아간다면,
그걸로 충분하다.

그래, 이만하면 됐다.
브라보, 마이 라이프.

한정된 시간, 진심은 무제한

젊음은 사그라들고 여름은 흘러가고 생은 소멸한다.

시간은 유한하며 되돌릴 수 없다.

두 번의 기회는 없다는 것,

이것이 바로 늙음이 가르쳐주는 혹독한 진실이다.

시간은 결코 되돌릴 수 없다.

우리는 과거로 돌아갈 수 없으며 영원한 것은 아무 것도 없다.

삶은 노년을 향해 흘러가며

그 흐름 속에서 한번 지나 간 것은 다시 돌아오지 않는다.

이런 숙명의 내리막길을 거슬러 올라가는 방법이 있다.

한나 아렌트가 말한 것처럼,

뭔가를 시작하고 새로운 것을 세상에 선보이며

주도적으로 다양한 현실을 경험해보면서

타성에 젖어 있기 보다 탄생성을 실천해 보는 것이다.

행위 뿐만 아니라 말을 통해서도

우리는 미래를 현재로 불러들이고

새로운 것을 시작하고 혁심하며

시간을 앞서 미래을 대비할 수 있다.

이런 능력은 우리의 일상을 놀라울 정도로 풍성하게 하고

실제로 기적 같은 변화를 불러 일으킨다.

- 『철학의 쓸모』, 로랑스 드빌레르

나이를 먹는다는 것은,

누구도 피할 수 없는 진실과 마주하는 일이다.

젊음은 언젠가 사라지고,

시간은 결코 되돌아오지 않는다.

늙음이 가르쳐주는

이 혹독한 진실을 받아들이기 위해서는 용기가 필요하다.

하지만 그것이 곧 끝을 의미하지는 않는다.

삶은 여전히 앞으로 흐르고 있으며,

우리는 매 순간 새로운 시작을 선택할 수 있는

능력을 지니고 있다.

한나 아렌트가 말했듯,

무언가를 시작하고 새로운 것을 세상에 내놓는 일은

우리를 타성에서 벗어나게 한다.

행동과 말을 통해 미래를 현재로 불러들이며,

우리는 변화와 혁신을 창조할 수 있다.

시간이 유한하다는 사실은 삶을 더욱 선명하게,

더 가치 있게 살아가도록 이끈다.

오늘은 다시 오지 않기에,

우리는 오늘을 최고의 날로 만들 수 있다.

삶의 내리막길을 거슬러 오르는 힘은

우리 안의 창조성과 가능성에서 비롯된다.

미래는 아직 쓰이지 않은 캔버스이며,

오늘의 작은 시작이 기적 같은 변화를 만들어낸다.

삶은 소멸이 아니라,

바로 지금 이 순간 새로운 삶을 창조할 기회다.

그 기회를 붙드는 용기만이,

유한한 시간을 무한한 의미로 바꾸어낸다.

보이지 않는 시간이 나를 만든다

"노력한다고 해서 모두가 성공하는 것은 아니야."
이 말은 어쩌면 진실일지 모른다.

하지만 분명한 사실도 있다.
성공한 모든 사람은, 예외 없이 노력했다는 것.
화려하게 보이는 성취 뒤에는
수없이 많은 작은 실패와 좌절이 깔려 있다.

아무도 주목하지 않는 시간에

묵묵히 흘린 땀방울과

조용히 쌓아 올린 성실이야말로

결과를 떠받치는 보이지 않는 뿌리다.

어떤 날은 끝이 보이지 않는 터널을 걷는 것처럼

막막하고 두려울지도 모른다.

"나는 지금 제대로 가고 있는 걸까?"

"이 길 끝엔 무엇이 있을까?"

흔들리는 마음은 누구에게나 찾아온다.

그럼에도 불구하고,

한 걸음 한 걸음 내디디는 사람은

스스로도 모르는 사이에 조금씩 단단해진다.

그렇게 어두운 길을 지나온 사람만이

그 끝에서 빛을 만난다.

변화는 기적처럼 갑자기 찾아오지 않는다.

매일 같은 일상 속에서

조금씩 나아지려는 마음과 작은 실천,

그 반복이 쌓여

어느 날 나도 모르게 '새로운 나'가 되어 있다.

그 변화는 눈에 확 띄지 않을 수도 있다.
그러나 내면 깊숙이 서서히 스며들며
결국은 나를 바꾸어 놓는다.
그것이 바로,
내가 살아온 시간과 쏟아온 노력이
결코 헛되지 않았다는 증거다.

오늘 우리에게 필요한 것은
끝을 장담하는 확신이 아니라,
"포기하지 않겠다"는 단단한 마음이다.
그 길 끝에 반드시 눈부신 성공이 기다리지 않더라도,
그 길을 걸은 시간 속에서 얻은 경험과 배움은
결코 사라지지 않는다.

언젠가 문득 깨닫게 될 것이다.
'그때의 작은 노력이 지금의 나를 이끌어 주고 있었구나.'

삶은 목적지만을 향한 레이스가 아니다.

그 여정 속에서 나는 내가 누구인지,

무엇을 원하는지,

어떤 가치를 붙잡고 살아가는지를 배운다.

그러니 오늘의 발걸음을 소중히 여겨라.

남이 보지 않더라도,

결과가 당장 눈에 보이지 않더라도,

그 길은 반드시 너만의 특별한 이야기로 남게 된다.

한 사람의 노력이 세상을 바꿀 수 있다면,

당신의 노력은 반드시 당신을 바꿀 수 있다.

그리고 그 변화는 언젠가

누군가에게 또 하나의 용기가 될 것이다.

찰나의 인연, 영원의 의미

"찰나(刹那)"—눈 깜짝할 사이,

"탄지(彈指)"—손가락을 한번 팅기는 시간,

"순식간(瞬息間)"—숨 한번 쉬는 사이.

그 짧은 순간,

나는 헤아릴 수 없이 긴 시간을 떠올린다.

그렇다면 지금 내 곁에 있는 이들은

얼마나 귀한 존재들인가.

우리는 흔히 "옷깃만 스쳐도 인연"이라고 말하지만,

그 스침조차 결코 가벼운 것이 아니다.

지금 내 곁을 스쳐 가는 사람들.

가족, 친구, 동료,

그리고 이 긴 시간을 넘어 만난 모든 인연들.

그 하나하나가 기적과도 같은 존재다.

한 잔의 술자리,

스쳐 지나듯 나눈 한 번의 인사,

그리고 한 번의 사랑조차도.

그 모든 순간이 오랜 인연의 결과라면,

우리는 얼마나 소중한 시간을 살고 있는 것일까.

그래서 지금 이 순간,

이곳에서 함께하는 시간이야말로

우리에게 주어진 가장 소중한 선물일지도 모른다.

하지만 우리는 때때로 그 소중함을 잊는다.

서로에게 익숙해질수록,

오랜 시간을 함께할수록 그 가치를 당연하게 여기기도 한다.

늘 곁에 있을 거라 믿으며

언젠가는 표현할 수 있을 거라 생각하며

말하지 못한 감사와 사랑을 미루기도 한다.

그러나 찰나의 순간이 쌓여 시간이 되고,

그 시간이 이어져 하나의 인연이 된다는 걸 안다면,

우리는 지금 이 순간을 더 귀하게 여겨야 하지 않을까?

어쩌면 우리가 나눈 짧은 대화 한 마디,

지나가는 길에 건넨 작은 인사,

함께 웃고 떠들던 사소한 순간들조차

오랜 세월이 만들어 낸 소중한 만남의 일부일지도 모른다.

그러니 오늘 하루도

곁에 있는 이들과 함께하는 시간을

감사한 마음으로 살아가자.

지금 이 순간이 우리의 소중한 인연이 될 수 있도록.

그리고 그 인연의 만남이 기적이 될 수 있도록.

어떤 인연은 스치듯 지나가고,

어떤 인연은 긴 세월을 함께한다.

그 만남이 우연처럼 보이지만,

사실은 오랜 시간 동안 쌓여온 것일지도 모른다.

길에서 스쳐 가는 사람도,

한 자리에서 함께 시간을 보내는 사람도

수천 년의 세월이 만들어 준 인연이라 한다.

그렇기에 우리는,

이 찰나의 순간조차 소중히 여겨야 한다.

곁에 있는 이들과 함께하는 시간을

감사한 마음으로 바라보자.

지금 이 순간이,

우리 인연의 가장 빛나는 장면이 될 수 있도록.

그리고 그 만남이,

언젠가 돌아보았을 때 기적이었다고 말할 수 있도록.

어떤 인연은 스치듯 지나가고,

어떤 인연은 긴 세월을 곁에 머문다.

그 만남이 우연처럼 보일지라도

사실은 수많은 선택과 시간의 흐름이 만든
운명의 결정일지 모른다.

그러니 우리는
이 찰나의 순간조차도 소중히 여겨야 한다.
오늘 마주한 이 사람, 지금 나누는 이 대화,
함께 머무는 이 공간….
모두가 다시는 돌아오지 않을
인연의 찬란한 한 페이지이기에.

오늘도 연차를 쓰고 엄마와 병원에 갑니다

출근길, 엄마가 불쑥 내뱉은 말은

늘 그렇듯 조심스러웠다.

"아고... 아무리 생각해도 무서워서 수술 못하겠어.

일단 연기 좀 하자."

일주일 앞으로 다가온 인공관절 수술.

그러나 미루는 건 이번이 처음이 아니다.

좋다는 병원을 찾아다니고, MRI를 찍고, 상담을 받고,

조금 괜찮아지면 또 미루기를 반복했다.

엄마의 가장 큰 벽은 '수술비'가 아니었다.

'이 나이에 수술을 잘 견딜 수 있을까?' 하는 두려움,

그리고 병원이라는 낯선 공간이 주는 복잡함이었다.

요즘 병원은 대부분 키오스크다.

접수도, 수납도, 예약도, 검사실 위치도

전부 앱으로 확인해야 한다.

문자 메시지 하나에도 서툰 엄마에겐

단순한 진료 한 번이 반나절을 넘긴다.

복도 한가운데 서서 어디로 가야 할지 몰라 두리번거릴 때,

옆에 누군가 있어야 한다.

가끔 병원에서 혼자 오신 어르신들이 내게 말을 건넨다.

"아고…. 따님이 참 기특하네.

엄마랑 병원도 같이 오고."

그럴 때 엄마는 멋쩍게 웃으며 대답한다.

"그러게요. 미안하죠.

직장 다니는데 연차 쓰고 이렇게 같이 왔다니…."

그 말에 나는 그저 웃는다.

기특해서 온 게 아니다.

그냥 엄마가 혼자 헤매지 않았으면 해서,

내가 없을 때 더 불편할까 봐,

이 자리는 내가 있어야 할 자리라는 생각 때문에 온다.

사실은 혼자 헤맬 엄마를 상상하는 것 자체가

나를 더 불편하고 불안하게 만들기 때문이다.

병원이 너무 빠르게 진화한 세상에서,

우리 부모님은 뒤처진 채

'혼자 오면 더 오래 기다려야 하는 사람들'이 되어버렸다.

그래서 오늘도 연차를 낸다.

엄마 손을 꼭 잡고 병원 복도의 낯선 풍경 속에서 말한다.

"괜찮아, 엄마. 내가 같이 있어."

이건 나를 위한 휴가가 아니다.

엄마의 하루 옆에 잠시 머무는 시간이다.

그 하루들이 쌓여,

언젠가 엄마가 다시 편히 걸을 수 있는 날이 오기를.

그날이 오면, 정말 아무 일 없는

평범한 하루가 우리 가족에게

가장 큰 선물이 될 거라는 걸 나는 안다.

D2세트와 음주단속

고된 하루 끝에 마시는 맥주는

내게 가장 큰 위로였다.

특히 새벽일을 마치고 왕계란말이를 안주 삼아

시원한 생맥주를 들이킬 때면,

그 순간만큼은 작은 축제를 누리는 듯했다.

그런데 바로 그때,

현미의 핸드폰이 울렸다.

"네? 지금요? 아~ D2 30세트요?"

현미는 급히 전화를 막고 내게 물었다.

"언니, 110만 원짜리 주문인데 어떻게 하지?

매장에 고객이 와 있다는데,

북창동까지 배송도 해달래."

순간 우리는 서로를 바라봤다.

매장 앞 5분 거리에 앉아 맥주잔을 기울이던 차에

110만 원이라니! 나는 주저 없이 말했다.

"당연히 해줘야지…."

문제는 차였다.

운전할 수 있는 사람은 나뿐인데,

이미 맥주 두 잔을 마신 상태였다.

그래도 나는 스스로를 믿기로 했다.

새벽 2시 반,

우리는 소중한 휴식 시간을 접고

다시 일터 전사의 모습으로 돌아갔다.

현미가 매장에서 세트를 준비해 카트에 싣고 오자,

내 차에 30세트를 옮겨 실었다.

그렇게 우리는 북창동을 향해 출발했다.

그런데 새벽 3시,

하얏트 호텔 길을 지날 때였다.

앞차들의 후미등이 일제히 붉게 켜졌다.

등골이 오싹했다.

음주 단속이었다.

심장은 콩닥거리고, 입안은 바짝 말라왔다.

급히 가방을 뒤지다 발견한 껌을 씹었지만,

뛰는 심장까지 감출 수는 없었다.

드디어 내 차례가 다가왔다.

"후~ 하고 불어주세요."

나는 숨을 고르고 불었다.

그러나 경찰관은 고개를 갸웃했다.

애매한 수치가 나온 모양이었다.

노련한 경찰관이 다가와 말했다.

"갓길에 차 세우고 내려보세요."

차에서 내리는데 하필 높은 굽을 신은 터라

중심을 잃고 휘청거렸다.

"많이 취하셨어요?"

"아니에요. 길이 고르지 않아서 그래요!"

면허증을 내밀라 하길래 지갑에서 꺼내 건넸다.

그런데 경찰관이 피식 웃었다.

"내가 현금을 슬쩍 끼워주는 사람은 봤어도,

카드를 주는 건 처음이네."

그제야 정신이 번쩍 들었다.

내가 내민 건 운정면허증이 아닌, 국민카드였던 것이다

다시 불어보라는 말에

나는 체념한 듯 깊게 심호흡을 하고 불었다.

측정기는 천천히 빨간 숫자를 띄웠다.

0.02%.

경찰관은 "훈방 조치입니다"라며 주의를 주었다.

"술을 조금이라도 마시면

대리운전을 부르거나 대중교통을 이용하셔야 합니다.

오늘은 운이 좋아 훈방이지만

컨디션에 따라 한 모금만 마셔도

수치가 올라갈 수 있어요."

그 순간, 감사와 안도가 밀려왔다.

경찰관에게 몇 번이고 고개를 숙여 인사했다.

그날 이후, 나는 절대 음주운전을 하지 않는다.

새벽 공기를 깊이 들이마시며 차에 올랐다.

도로 위의 불빛들이 희미하게 번지는 걸 보며 생각했다.

순간의 선택이 10년을 좌우한다는

오래전 광고 카피처럼,

한순간의 선택이 내 인생을 바꿀 수도 있음을….

루프리텔감 – 작지만 강력한 현장 무기

누구나 위로가 필요한 순간이 있다.

지치고 힘들 때, 누군가 내민 손을 붙잡고

다시 일어서는 사람들.

놀라운 건, 그 손을 내민 이들도

처음에는 모두 낯선 이들이었다는 사실이다.

그러나 함께 마음을 나누고,

서로를 응원하며 걸어가다 보면,

어느새 의지할 수 있는 가까운 존재가 된다.

나이가 들수록 외로움은 깊어지지만,

누군가의 마음을 살짝 어루만지는 작은 행동 하나가

때론 커다란 힘이 된다.

어느 날, 아침 조찬 모임에서

애정하는 동생의 강연이 있었다.

강연을 앞둔 그녀에게 마음을 전하고 싶어

응원의 엽서를 쓰려 했지만,

막상 펜을 잡으니 쉽게 써지지 않았다.

몇 번이고 연습장에 끄적이다 보니, 옆에서 엄마가 물으셨다.

"너는 뭘 그렇게 열심히 쓰고 있니?"

"응, 친한 동생한테 힘이 나는 메시지를 남기려고."

엄마는 한숨 섞인 목소리로 말했다.

"그런 걸 써줘서 뭐 하니?

잠깐 기분 좋다가 금방 버려질 텐데."

엄마 말씀이 틀린 건 아니었다.

그러나 나는 알고 있었다.

짧은 한마디의 진심이

누군가에게는 커다란 위안이 되고,

다시 달려 나갈 힘이 된다는 것을.

그 동생은 19년간 여행사를 운영했다.

그러나 코로나19가 모든 것을 멈춰 세웠다.

한 달, 두 달, 그리고 1년.

끝이 보이지 않는 기다림 속에서

결국 식당 서빙을 시작했다.

며칠 하다 그만둘 줄 알았는데,

첫 월급을 받아 들고 환하게 웃던 그날의 얼굴이

아직도 선하다.

나는 그 모습이 대견해 밥을 사주며 작은 선물을 건넸다.

거기에 하트 모양 포스트잇에 짧은 글귀를 적었다.

"어차피 잘될 여나."

그녀는 눈물을 글썽이며 말했다.

"정말 고마워. 응원받았어. 나, 잘해볼게."

그 후 몇 년이 지나,

그녀는 보험업에서 눈부신 성과를 거두며

MDRT(Million Dollar Round Table)[1]가 되었다.

우리는 만날 때마다

그날의 작은 포스트잇 이야기를 꺼낸다.

그 사소한 메모가 얼마나 큰 힘이 되었는지를,

그때서야 확실히 깨달았다.

나는 지금 판촉예술가들을 양성한다.

마트 현장에서 고객의 마음을 움직이는 순간,

그것은 단순한 판매가 아니라 '예술'이 된다.

우리와 함께하는 판촉사원은 1,000명이 넘고,

그중에는 오랜 시간 신뢰를 쌓아온 분들이 있다.

나는 그들에게 늘 감사하다.

---

1. MDRT(Million Dollar Round Table)는 전 세계 보험·금융 전문가 협회로, 한국에서도 보험 설계사와 재무설계사들이 가장 선망하는 자격·타이틀 중 하나이다. 단순히 영업 실적이 높다는 뜻만이 아니라, 전문성·윤리성·고객 신뢰까지 갖춘 최고 수준의 보험 전문가라는 인증한다.

고객사 신제품을 그분들께 보내자고 제안했을 때,

나는 택배에 제품만 담아 보내는 것이 성의 없어 보여

작은 손 편지를 함께 넣었다.

그런데 돌아온 반응은 내 예상보다 훨씬 따뜻했다.

"이 손 편지, 정말 감동이에요."

"따뜻한 마음이 느껴져서 더 열심히 하고 싶어졌어요."

그때 다시 한번 확신했다.

진심은 통한다는 것.

그래서 나는 팀장들에게 늘 말한다.

"돈 안 드는 일에 인색하지 마라.

그중 가장 강력한 무기가 바로 '진심'이다."

짧은 칭찬 한 마디, 응원의 문장,

작은 손글씨 한 장….

그것이 누군가의 하루를 버티게 해주는 힘이 될 수도 있다.

물론 엄마 말처럼, 읽고 버려질 수도 있다.

하지만 그중 단 한 사람이라도 위로를 받는다면,

그것만으로도 충분하지 않을까.

모기약이 가르쳐준 판촉의 힘

전 세계에서 사람을

가장 많이 죽인 동물이 무엇인지 아는가?

맹수나 독수리 같은 무서운 포식자들이 떠오를지 모르지만,

의외의 답이 기다리고 있다.

3위는 뱀, 2위는 인간, 그리고 1위는

바로 모기다.

그 어떤 맹수보다도

인간에게 치명적인 해를 끼치는 모기.

여름철이 되면 대형 마트를 찾은 고객들의 시선이
자연스레 모기약 코너에 머무는 이유다.

이때 판촉사원 한 명이 다가와 이렇게 말한다.
"야외 활동이 많으신가요?
그렇다면 이 제품이 휴대하기도 쉽고,
효과도 오래 갑니다."
짧은 한마디지만,
고객의 선택은 이 순간에 결정되곤 한다.

매년 여름, 전국적으로 수백 명의 판촉사원들이
모기약 판매에 나선다.
그중 67% 이상이 이미 한 번 이상
모기약을 판매한 경험이 있는 베테랑들이다.
에어로졸, 리퀴드, 매트, 모기향, 기피제 등
제품군도 다양하다.
사용법, 효과, 지속 시간까지 각각 다르기에
정확한 제품 이해는 필수적이다.

하지만 현장에서는 초보 사원들이

매트와 리퀴드를 헷갈리는 경우도 있다.

반대로, 경험 많은 사원은

고객의 필요를 먼저 파악해

가장 알맞은 제품을 자신 있게 추천한다.

이 차이가 바로 판매 현장에서 성과를 좌우한다.

진짜 판촉사원은

내가 팔고 싶은 것을 억지로 권하는 사람이 아니다.

고객이 사고 싶은 것을

스스로 선택하도록 부드럽게 이끄는 사람이다.

그들에게 판촉은 단순한 판매가 아니다.

고객과의 소통, 신뢰를 쌓는 과정이다.

그들이 파는 것은 제품이 아니라 고객의 만족과 신뢰다.

고객의 마음을 읽고, 필요를 충족시켜주며,

사고 싶은 마음이 들도록 만드는 것.

그것이 바로 판촉의 본질이다.

진짜 판촉사원은 단순히 설명을 잘하는 사람이 아니라,

고객의 마음을 움직이고

올바른 선택으로 자연스럽게 안내하는 사람이다.

그 순간, 판촉은

단순한 일이 아니라 '예술'이 된다.

찍히는 손님, 기억되는 사장님

"오늘 점심 뭐 드실 거예요?

결정하셨나요?"

직장인의 은근한 고민 중 하나가 점심 메뉴 고르기다.

나 역시 직원들과 "오늘 뭐 먹지?"를 매일 고민한다.

그러다 오늘 점심은 찜닭으로 결정했다.

막상 메뉴를 정하면 발걸음이 빨라진다.

인기 있는 식당에 가면

자칫 점심시간의 20%의 시간을

기다림으로 날려버릴 수도 있기 때문이다.

찜닭집은 한 달에 한 번 정도 가는 곳이다.

기본으로 찜닭에 당면과 만두가 나오는데,

두 번째 방문 때 만두를 빼고 당면을 더 줄 수 있는지

사장님께 물어봤는데

흔쾌히 그렇게 해준다고 했다.

그리고 또 오랜만에 다시 찾은 찜닭집….

주문을 하려는데 사장님이 먼저 말했다.

"지난번처럼 당면 많이,

만두 빼고 드리면 될까요?"

우와! 과묵했던 젊은 사장님의 센스 :)

고객을 기억하는 고수의 한마디에 감탄이 나왔다.

이번엔 또 다른 식당! 사골칼국수 집이다.

작년 4월에 오픈한 곳으로,

처음 방문한 건 올해 1월 시무식 때였다.

남자 사장님이 혼자 운영하는 곳이라

단체 예약을 하면

미리 떡국을 한 솥 끓여 놓을 줄 알았는데,

놀랍게도 1인용 냄비로 6개 화구를 이용하여

일일이 끓여주셨다.

시간이 걸렸지만 정성과 맛이 좋아

며칠 만에 다시 찾았다.

그런데 메뉴판에는 떡만둣국이 없었다.

"사장님, 지난주에 저희 단체로 와서 떡만둣국 먹었는데

메뉴판에는 없네요?"

알고 보니 원래는 없는 메뉴였는데

1월 2일 신년 분위기에 맞춰

특별히 만들어 주셨던 것이었다.

그날은 어쩔 수 없이 사골칼만두를 먹었지만,

국물 맛이 깊어 만족스러웠다.

특히 이 집에서 직접 담근 겉절이와 단무지는

엄지 척이다.

그 후 한 달에 세 번 정도 방문했고,

어느 날 다시 사골칼만두를 주문했다.

그런데 사장님이 익숙한 듯 묻는다.

"칼국수를 떡국으로 바꿔 드릴까요?"

내가 기억되고 있었다.

그 후로도 이곳을 찾을 때마다

메뉴판에 없는 떡만둣국을 내어 주셨다.

사장님한테 찍혔나 보다.

기분 좋은 찍힘이다.

마지막으로 주꾸미불백집.

이곳은 김을 구워서 내어 주는데,

평소 김을 좋아하는 나는

갈 때마다 2~3번씩 리필을 요청했다.

늘 친절하게 더 주시던 젊은 여자 사장님.

그런데 어느 날 갔더니

아예 테이블마다 김통이 마련되어 있었다.

김 홀릭인 나에겐 감동적인 변화였다.

이곳은 12시가 넘으면 웨이팅이 있을 정도로

인정받은 맛집이다.

갈 때마다 친절한 서비스는 기본이고,

고객 맞춤형 배려를 받는다는 특별함이 있다.

이런 가게는 경기와 관계없이 언제나 문전성시를 이룬다.

고수들은 역시 다르다.

그리고 나는 그들의 배려 속에서

단순한 손님이 아닌 '기억되는 사람'이 되어 간다.

한 끼의 식사가 주는 따뜻함,

작은 관심이 만들어내는 감동이 이곳들을 다시 찾게 만든다.

그래서 오늘도 나는 기분 좋게 찍히러 간다.

오늘은 어떤 사장님한테 찍힐지

아주 기분 좋은 고민이다.

이런 사장님들이 돈쭐나는 세상이여야한다.

친절과 정성으로 기억되는 가게들이

오래도록 사랑받을 수 있도록,

우리도 기분 좋게 돈 쓰러 가자!

세일즈 고수를 향한 40일의 흔적

2025년 2월 3일부터 3월 28일까지,

나는 세일즈 고수를 향해 매일을 다짐으로 채워가는

'더 챌린지' 40일 프로젝트에 참여하고 있다.

매일 아침 9시 이전,

'세일즈 고수 일기'라는 이름의 미션이 주어지고,

그날 밤 11시 59분까지 단톡방에 과제를 인증한다.

단 한 번의 미션 인증 실패에도

예치금 2,500원이 차감되는 룰이지만,

그보다 더 중요한 건 매일 내가 남기는 성장의 기록이다.

이 챌린지를 함께하는 사람은 총 46명.

그러나 시작 후 단 4주 만에

54%가 미션 인증에 실패했다.

1주 차 13명, 2주 차 18명, 3주 차 23명….

그리고 4주 차엔 무려 25명이 인증을 포기했다.

이 수치를 보며 실감했다.

지속하는 것만으로도 이미 절반을 넘는다는 사실을.

이 챌린지는 단순한 과제 제출이 아니다.

세일즈 살롱의 황현진 대표,

자기 이름 뒤에 '세일즈 작가'라는 정체성을 새긴 그와 함께

매일 쓰고, 적용하고, 생각하는 실전 브랜딩 수업이다.

나는 이미 그의 강의를 두 번 들었다.

경력은 나보다 짧지만,

그의 언어는 상품을 예술로 바꿔놓는 힘이 있다.

그래서 이 챌린지에 참여하지 않을 이유가 없었다.

예를 들어, 다음과 같은 미션이 나온다.

"고객이 얻게 될 가치를 중심으로,

당신만의 자기소개 슬로건을 한 줄로 작성하라."

황현진 대표의 예시는 이렇다.

"돈이 되는 세일즈 대본을 대신 써 드리는

세일즈 작가 황현진입니다."

이에 나는 이런 문장으로 응답했다.

"마트(Mart)에서 고객의 마음을 움직이는 순간,

그것은 예술(Art)이 됩니다.

저는 그런 순간을 만들어내는 판촉 예술가를 양성합니다."

말을 잘하는 건 기술이지만,

마음을 얻는 건 예술이다. 나는 그 철학을 믿는다.

그래서 매일 단톡방에 과제를 올리기 전,

먼저 노트에 손으로 미션을 쓴다.

손으로 쓰는 행위는 단순한 기록이 아니라,

생각을 정리하고 마음을 다지고

내가 어디쯤 와 있는지를 점검하는 의식 같은 습관이다.

그렇게 하나하나의 답이 쌓이고 있다.

그리고 그 흔적은, 나를 말없이 증명해 준다.

우리는 모두 상품을 팔고 있다.

그러나 진짜 세일즈는 사람의 마음을 움직이는 것이다.

가격이 아니라 감정으로, 기능이 아니라 경험으로

고객과 연결되는 순간,

그건 단순한 거래가 아닌 관계가 된다.

세일즈 고수란,

결국 고객의 마음을 기억하는 사람이며,

고객의 마음에 기억되는 사람이다.

그래서 나는 오늘도,

그 길 위에 조용히 한 걸음 더 내딛는다.

비록 하루는 짧지만, 40일은 결코 가볍지 않다.

지나고 나면 남는 건 결과가 아니라 변화된 나다.

더 챌린지 40일,

그 여정은 나를 고수로 만들어주는 훈련장이자

매일의 나를 증명하는 성장의 증표다.

오늘도 나는 기록한다.

생각하고 쓰고, 실천한다.

세일즈의 본질을 배우며

고객이 아닌 사람을 이해하는 법을 익힌다.

이 길 끝에서 나는 말할 수 있을 것이다.

"내가 걸어온 이 기록이 곧 나의 실력입니다."

그리고 그 길 위에서,

나는 지금, 세일즈 고수로 성장 중이다.

30대의 나에게, 50대 판촉사원이 뜻밖의 한마디

30대 초반의 나는 늘 치열했다.

현장에서 성과를 내야 한다는 부담,

교육장에서 사람들을 설득해야 한다는 압박.

그때의 나는 판촉을 단순히

'판매 기술을 전하고, 실적을 올리는 일' 로만 생각했다.

그러던 어느 날, 교육을 마치고 나서였다.

50대 중반의 한 프로모터가 교육 후,

메시지에 짧은 글을 남겨주셨다.

짧은 몇 줄에 불과했지만,

그 순간 나는 깊은 인상을 받았다.

무엇보다도, 나보다 훨씬 세상을 오래 살아온 분이,

30대 초반의 내 말에 귀 기울이

 진심 어린 감사의 마음을 남겨주었다는 사실이

내 마음을 크게 흔들었다.

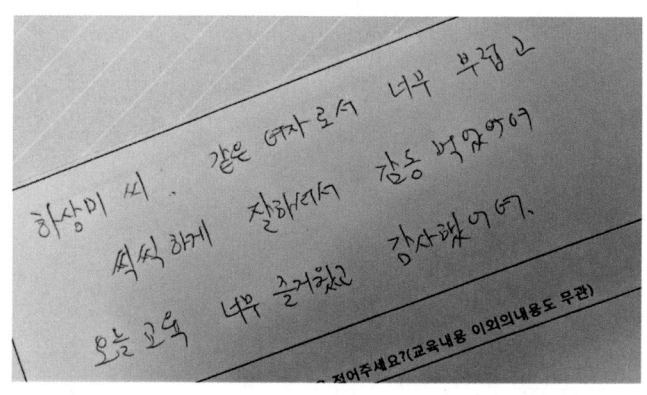

나는 아직 배워야 할 것도 많고

부족한 것도 많다고 생각했는데,

그분은 오히려 내 강의 속에서

새로운 시선을 발견했다고 말씀해 주셨다.

그 사실 하나만으로도

"내가 누군가에게 의미 있는 영향을 줄 수 있구나"

라는 생각을 하게 되었다.

그날 이후 내 업을 보는 눈이 달라졌다.

판촉은 단순히 "사세요"를 반복하는 일이 아니었다.

사람을 이해하고, 공감하며,

하루를 버티게 하는 힘을 건네는 일이었다.

성과와 매출보다,

마음을 움직이는 과정 속에 더 큰 의미가 있었다.

물론 그때 바로 판촉을 예술이라 부른 것은 아니었다.

시간이 지나 더 많은 현장과 고객사를 경험하고,

수없이 흔들리고 넘어지는 과정을 겪으면서

비로소 그때 받았던 메시지가

내 업을 다시 정의하는 씨앗이 되었음을 알게 되었다.

돌이켜보면 그때는 몰랐지만,

그 메시지가 나를 계속 붙잡아주었다.

짧았지만 따뜻했고, 조용했지만 강렬한 그 메시지….

그 작은 글 한 장은 오늘의 나를 만든 시작점이었고,

이제 나는 자신 있게 말할 수 있다.

"판촉은 기술이 아니라,

사람의 마음을 움직이는 예술이라고."

정년이 아니라, 존년(尊年)

우리 회사 취업규칙은 60세를 정년이라 말한다.

하지만 마트 현장에서 마주하는 60세는

'퇴직 대상자'가 아니라,

삶과 일을 예술처럼 버무릴 줄 아는 베테랑이다.

그들의 몸은 여전히 건강하고,

수십 년간 고객과 함께한 경험은

그 어떤 매뉴얼로도 대신할 수 없는 자산이다.

요즘 마트에는 젊은 세대가

판촉을 직업으로 삼는 일이 드물다.

그래서 정년은 거의 시행되지 않고,

평균 근무 연령은 오히려 높아지고 있다.

판촉사원들은 고객 앞에서

자신이 선택한 리듬으로 일을 이어간다.

대부분의 산업은 정년보다 훨씬 이른

50대 초반에 퇴직이 이뤄진다.

조기퇴직과 명예퇴직이 일상이 된 시대,

정년까지 버티는 건 사실 드물고 힘든 일이 되어버렸다.

그런데 마트 판촉사원만큼은

반대로 사람이 없어 정년을 '연장' 해야 하는 산업이 되었다.

기계가 계산은 대신해도,

"한 입 드셔보세요" 하고 건네는 따뜻한 시식의 순간,

웃음과 눈빛으로 이어지는 그 관계는 AI가 대체할 수 없다.

바로 그 자리에서 고객의 마음이 열리고,

제품은 '팔리는 것'을 넘어 '사고 싶은 것'이 된다.

수명이 늘어난 시대, '정년 60세'라는 규정은

현실과 점점 동떨어진 숫자가 되어가고 있다.

정년은 '퇴장'이 아니라

삶을 이어가는 또 다른 방식의 '지속' 일 수 있다.

그래서 말하고 싶다.

정년이 아니라, 존년(尊年)

존중받으며 일할 수 있는 시간,

그것이 우리가 새롭게 써 내려가야 할 나이의 이름이다.

이제 묻고 싶다.

"당신의 정년은 몇 살입니까?"

정년이라는 제도보다 먼저 끝나는 건

어쩌면 이 업 자체일지 모른다.

판촉은 누군가에겐 꿈이지만, 대부분에겐 생존의 자리다.

그리고 그 자리는 점점 더 좁아지고 있다.

'먹고사는 일'인 사람들이 더 많기에,

그 무게는 더욱 절실하다.

2부. HEART ♡

68%의 선택

중학교 시절,

체육 선생님이 무척 좋아하던 노래가 있었다.

바로 산울림의 〈청춘〉이란 곡이다.

하지만 나는 그 노래를 그저 흥얼거리며 따라 부를 뿐,

가사에 담긴 의미를 곱씹어 본 적은 없었다.

친구들과 장난치며 웃고 떠드는 게 더 중요했으니까.

그러나 20대 어느 날,

라디오에서 우연히 다시 들려온 그 노래는

전혀 다르게 다가왔다.

"가고 없는 날들을 잡으려 잡으려 빈손짓에 슬퍼지면…."

돌이킬 수 없는 시간의 무력함,

지나간 세월을 향한 아쉬움이 내 마음을 두드렸다.

그제야 왜 체육 선생님이 그 노래를

그토록 좋아했는지 조금은 이해할 수 있었다.

시간은 그렇게 흐르고,

나 역시 판촉이라는 일을 오래도록 해왔다.

작년에 우리 판촉사원 314명을 대상으로

행사 종료 후 간단한 설문을 진행한 적이 있다.

"다시 직업을 선택할 수 있다면,

지금의 일을 선택하시겠습니까?"

나조차 반신반의하며 던진 질문이었다.

그런데 놀랍게도 68%가 '예'라고 답했다.

이 수치는 내 가슴속에 묘한 울림을 남겼다.

왜 이렇게 힘들고,

때로는 인정받지 못하는 이 일을

그들은 왜 다시 선택하겠다고 했을까?

그들이 꼽은 이유는 단순했다.

- 고객과의 소통이 즐겁기 때문에

- 내가 설명한 제품을 믿고 써줄 때

- 단골이 다시 찾아올 때

- 고객의 마음을 움직일 수 있어서

돈이나 생계만을 위해서가 아니라,

사람과 사람을 이어주는 경험이

그들의 선택을 지탱하고 있었다.

바로 그 지점에서 '판촉사원'이 아니라

'판촉 예술가'라는 이름이 어울린다고 나는 생각했다.

통계청 자료에 따르면 지난 10년간

오프라인 판매직은 45만 명이나 줄었다고 한다.

키오스크, 무인 계산대, 로봇이 등장하며

대면 영업의 자리는 점점 좁아지고 있다.

그럼에도 불구하고

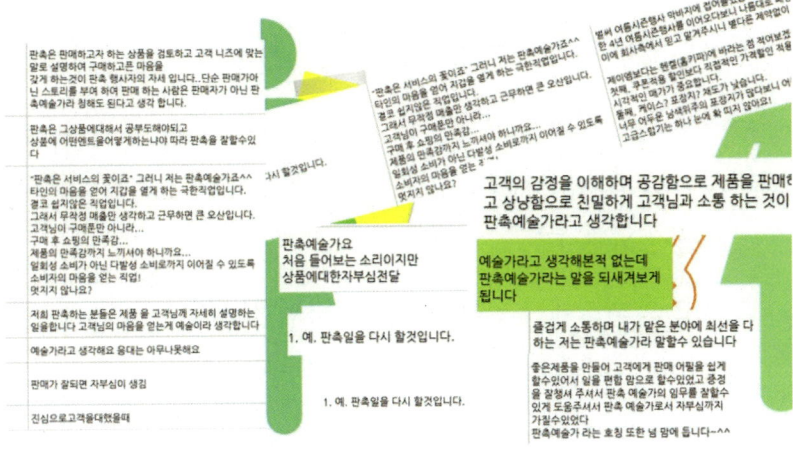

10년, 20년을 버틴 사람들이

여전히 이 일을 '다시 하겠다'고 말하는 이유는 무엇일까?

그 답은 단순하다.

기술이 대체할 수 없는 인간적인 관계의 힘.

누군가의 마음을 움직이고,

짧은 순간이라도 따뜻한 대화를 나누며,

그 안에서 자신이 의미 있는 존재임을 확인하는 경험.

그것이 이 일을 단순한 '판매'가 아니라

'예술'로 만들어주기 때문이다.

생각해보면 이것은 판촉사원만의 이야기가 아니다.

우리는 누구나 각자의 자리에서 무언가를 팔고,

설득하고, 증명하며 살아간다.

자신의 가치, 자신의 경험, 자신의 시간을 건네며

누군가와 연결된다.

그리고 그 과정에서 얻는 기쁨과 보람이야말로,

다시 그 길을 선택하게 만드는 이유가 된다.

세월은 흘러가도,

인간적인 소통에서 오는 의미는 결코 사라지지 않는다.

체육 선생님이 좋아하시던 노래처럼,

우리는 시간이 지나야만 알게 되는 것들이 있다.

판촉 역시 그렇다.

그것은 단순한 생업이 아니라,

사람과 마음을 이어주는 또 하나의 '청춘' 같은 순간이다.

시작도 실력이다

"나는 용기란 두려움이 없는 것이 아니라,

그것을 이겨내는 것임을 배웠다.

- 넬슨 만델라, 흑인 최초의 남아프리카공화국 대통령

오래전부터 내 버킷리스트에는 번지점프가 있었다.

높은 곳에서 몸을 던지며

두려움을 극복하는 상징적인 도전.

어느 날, 이 이야기를 지인들에게 한 적이 있었는데

그걸 기억한 친구가 서프라이즈로

번지점프를 할 수 있게 예약하고 계산까지 했다.

물론 고맙기도 했지만,

막상 그 순간이 오자 발은 바닥에 붙어버렸고

두려움은 생각보다 훨씬 컸다.

"내가 이걸 할 수 있을까?"

손끝은 저리고 땀방울이 맺혔다.

내 눈은 차마 아래로 향하지 못한 채,

그저 수평선만을 바라보며 굳어 있었다.

다리가 후들거리고 마음속에는 온갖 불안한 생각들이

꼬리에 꼬리를 물고 있었다.

교관이 "쓰리투원번지" 할 때

머뭇거리지 말고 바로 뛰라고 하는데 ….

난 "잠시만요"를 외치며 저절로 뒷걸음질했다.

할 수 있다고 생각한 것과

진짜 해보는 건 너무도 다름을 느끼는 순간이었다.

교관은 아래를 보지 말고

수평선만 보고 앞으로 기울이며 뛰라고 했다.

다시 "쓰리, 투, 원, 번지"를 외치는 교관

이번엔 정말 뛰려고 했는데

나도 모르게 아래를 본 순간

내 발은 자석처럼 뒤로 스르륵 물러섰다.

나, 이렇게 용기 없었나?

두려움이 온통 나를 지배하는 그 순간

내 발은 떨어질 생각조차 하지 않았다.

'이건 생각했던 것보다 훨씬 더 무섭다.'

마음으로는 할 수 있을 거라 생각했지만 현실은 달랐다.

교관은 내게 다시 말했다.

"아래를 보지 말고, 앞만 보고 기울이며 뛰세요."

다시 "쓰리, 투, 원, 번지!"가 울려 퍼졌고

이번에는 정말로 뛰어야겠다고 마음을 먹었다.

그런데 나도 모르게 또다시 아래를 본 순간,

내 발은 한치 앞으로도 움직일 수 없었다.

교관은 이번이 마지막이라고 했다.

"이번에 뛰지 않으면 그냥 내려가야 합니다."

그때 아래서 들려오는 목소리가 귀에 닿았다.

"할 수 있어!"

"할 수 있다!"

목청껏 내 이름을 부르며

응원하는 사람들~

"그냥 내려갈 순 없지.

내가 버킷리스트라고 말한 걸 기억하고

만들어준 이벤트잖아"

속으로 다시금 되뇌었다

그때 알았다

나 자신조차 믿지 못하는 순간에도,

나를 믿어주는 사람들의 응원이 얼마나 큰 힘이 되는지.

"한 번 해보자"는 생각이 조금씩 마음속에 스며들었다.

아래를 보니,

나를 향해 목청껏 외치며

응원해 주는 사람들의 모습이 눈에 들어왔다.

그 믿음이 내게 용기를 주었고 두려움은 서서히 옅어져 갔다.

그 순간 문득 깨달았다.

우리 모두는,

이렇게 응원이 필요한 삶을 살아가고 있구나.

내가 나를 믿지 못할 때조차,

누군가의 믿음은 나를 움직이게 하고

한 발짝 더 나아가게 만드는 힘이 된다.

그렇게 난 번지점프를 뛰어내렸다.

두려움과 함께 버킷리스트의 하나를 지워나가는 순간,

내 머릿속엔 내가 아닌

나를 응원해 준 그 친구들의 목소리가 계속 맴돌았다.

우리 모두는 매일

치열한 경쟁 속에서 삶을 살아가지만,

서로를 향한 따뜻한 응원이 얼마나 큰 차이를 만드는지,

그날 깊이 느낄 수 있었다.

오늘도 하루를 살아내는 우리 자신에게

응원의 한마디를 건네고 싶다.

그 한마디가
다시 한번 우리를 높이 뛰게 하고
꿈을 향해 더 멀리 나아가게 할 것이다.
무언가를 할 때 시작하기 전이 가장 힘들고 두렵고 무섭다.
그렇기에 시작도 "실력"인 것이다.

하고 가볍게 생각했다.

그러나 목요일 센터에 가보니

나처럼 연휴 동안 고장 난 사람들로 북적였다.

대기 번호는 95번, 최소 세 시간은 기다려야 했다.

결국 발길을 돌렸지만,

토요일 아침 핸드폰은 끝내 사망했다.

화면은 꺼지고, 충전도 되지 않았으며,

무한 재부팅만 반복됐다.

빗방울이 흩날리는 토요일 아침,

서둘러 다시 서비스센터로 향했다.

이미 20명 넘는 사람들이 나보다 먼저 와 있었다.

번호표를 뽑고 15분을 기다려 내 차례가 되었다.

엔지니어는 마치 의사가 환자에게 묻듯 물었다.

"증상이 뭐예요?"

나는 블랙아웃이 갑자기 왔다고 설명했고,

진단은 메인보드 고장이었다.

데이터는 모두 손실, 수리비는 53만 원.

눈앞이 아득해졌다.

그 순간 떠오른 건 추석 마지막 날

엄마와 함께 갔던 카페에서 찍은 사진이었다.

따뜻한 웃음과 대화가

고스란히 담긴 순간마저 사라졌다는 사실이

가슴을 저릿하게 만들었다.

문서들은 백업해 두었지만,

다시는 돌아올 수 없는 순간의 기록은

그렇게 허무하게 사라졌다.

주말이라 새 휴대폰을 사도 개통은 불가능했다.

텅 빈 손으로 이틀을 보냈다.

글을 쓰고 TV를 보며 시간을 채웠는데,

의외로 조급하지 않았다.

PC 카톡으로 필요한 연락은 이어갈 수 있었고,

오히려 손의 빈자리가 낯선 평화를 주었다.

나는 그제야 깨달았다.

내가 얼마나 스마트폰에 의지하며 살아왔는지를.

월요일, 출근 후

고객사에 양해를 구하고 복구업체를 찾았다.

사장은 말했다.

"이미 몇 번 신호를 보냈을 텐데요?

경고를 무시하다가 결국 이런 일이 납니다."

떠올려 보니 맞는 말이었다.

저장 용량이 가득 찼다는 알림을

여러 번 무심히 넘겼던 것이다.

겉은 멀쩡해 보였지만

속은 이미 한계에 다다른 아이 같았다.

다행히 중요한 자료들은 복구할 수 있다고 했다.

그러나 나는 이미 중요한 깨달음을 얻었다.

늘 곁에 있다고 당연하게 여겼던 작은 화면,

그 안에서 우리는 순간의 소중함을

자주 놓치고 있었다는 사실이다.

앞으로는 핸드폰뿐 아니라

내 일상의 작은 신호에도 귀 기울이며 살고 싶다.

사소한 불편을 무심히 넘기지 않고,

작은 경고를 가볍게 여기지 않는 것.

어쩌면 그것이 일상을 지키는

가장 단단한 시작일지 모른다.

글이 되는 삶, 삶이 되는 글

글을 쓰고 싶었다.

30년 동안 이어온 내 일을 글로 남기고 싶었다.

30년이라니, 참 길고도 묵직한 시간이다.

그 세월 동안 나는 수많은 시련과 고난을 겪었고,

그 속에서 경력과 실력을 차곡차곡 쌓아 올렸다.

그 과정에서 맛본 성취감은

무엇과도 바꿀 수 없는 것이었다.

그래서일까,

문득 이 이야기를 글로 풀어내고 싶다는 마음이 들었다.

솔직히 말하자면,

그 긴 여정을 걸어온 나 자신이

대견하고 자랑스럽기도 했다.

하지만 그것은 단순한 자기애가 아니었다.

내가 해온 일에 대한 깊은 자부심에서 비롯된 감정이었다.

그렇다고 글쓰기가 쉬운 건 아니었다.

혼자 시작하기엔 막막했다.

그래서 글쓰기 클래스를 찾았다.

나처럼 비슷한 고민을 가진 사람들이 모여

함께 배우는 자리라면, 나에게도 도움이 될 것 같았다.

그곳에서는

'내가 왜 글을 쓰고 싶은가'라는 질문에서 출발해

차근차근 단계를 밟아가야 했다.

수업은 이렇게 이어졌다.

1단계: 나는 누구인가? 내가 쓸 책의 고객은 누구인가?

2단계: 메시지와 주제 찾기

3단계: 메시지 정하기

4단계: 목차 구성하기

5단계: 글쓰기의 기본기 익히기

6단계: 소제목 원고 쓰기 (일명 꼭지 쓰기)

7단계: 독자를 유혹하는 책 제목 정하기

8단계: 서문 쓰기

9단계: 출간 기획서, 피칭, 마케팅

그런데, 시작부터 막혔다.

"나는 누구인가?"

"내가 쓸 책의 고객은 누구인가?"

이 질문 앞에서,

글을 쓰고 싶다는 내 마음이 이렇게나 막연했나 싶었다.

그동안 흔들림 없다고 생각했던 자부심마저

순간 주춤거렸다.

'내가 누구냐니….'

아마 누구나 이런 질문 앞에 서면 한 번쯤 멈칫할 것이다.

4단계에서 목차를 구성하는 과제가 주어졌다.

내가 쓰고 싶은 글의 소제목,

일명 꼭지를 60개나 작성해야 했다.

처음엔 머리가 하얘졌다.

하지만 기억의 조각들이 조금씩 떠올랐고,

마침내 60개를 채웠을 땐 묘한 성취감이 밀려왔다.

그런데 거기서 끝이 아니었다.

"이제 10개를 지우세요."

'뭐? 처음부터 50개만 쓰라 하지….

얼마나 생각해서 만든 건….'

속으로 투덜거렸다.

그런데 곧 다시 10개를 더 지우라는 말이 이어졌다.

애써 채운 꼭지들이었기에,

하나하나가 다 소중하게 느껴졌다.

하지만 그때 깨달았다.

채우는 것보다 어려운 게 비워내는 일이라는 걸.

처음엔 '내 생각을 얼마나 채우느냐'가

중요하다고 여겼지만,

비워내는 과정을 거치며

진짜 중요한 게 무엇인지가 드러났다.
마치 채우기에만 익숙해진 내 마음이,
비움으로 균형을 찾아가는 것 같았다.

우린 인생에서도 비워내야 할 때가 있다.
무언가를 놓아야 할 때가 있다.
그 순간마다 얼마나 힘들었는지 떠올리면
금세 공감할 수 있다.

결국, 60개의 꼭지 중 절반인 30개를 남기고
30개를 지워냈다.
이 단순한 작업이 이렇게 심오할 줄은 몰랐다.
하나를 비워낼 때마다
조금 더 나다운 이야기가 선명해졌다.

글을 쓴다는 건
결국 나 자신을 비워가는 과정이었다.
30년 동안 쌓아온 인생의 기록을 남기려는 이 여정은,
내가 무엇을 남기고 무엇을 놓을지를
선택하는 과정이었다.

그 과정을 통해 나는

비로소 진정한 나를 만나고 있었다.

오늘은 며칠일까? 오늘은 일생이지

중학교 시절,

학교 근처에 만화방들이 하나둘 생기며

가격 경쟁이 치열해졌다.

3권에 100원이라는 파격적인 가격이었다.

나는 그때 황미나와 이현세의 만화에 푹 빠져 있었고,

만화방은 나만의 작은 천국이었다.

우리 학교는 담임선생님의 재량으로

야간자율학습을 하는 반이 있었는데,

내 옆반이 바로 그랬다.

체육선생님이 담임이셨던 그 반은

저녁까지 남아 공부를 했고,

우리 반은 야자 없이 정규수업 후 바로 하교를 했다.

나는 수업이 끝나면 어김없이 만화방에 들러

시간을 보내곤 했다.

어느 날, 만화방에서 만화를 읽고 집으로

돌아가던 중이었다.

그때 야간자율학습을 마치고

집으로 가는 친구가 눈에 띄었다.

반가운 마음에 "OO야!" 하고 큰 소리로 불렀는데,

그 순간 그 친구 뒤에 체육선생님이 나타나셨다.

선생님은 늦은 시간까지 남아 공부한 제자들이 걱정돼,

학교 앞 버스정거장까지 함께 걸어가고 계셨던 거였다.

그런 걸 전혀 모르고 나는 친구를 불렀으니….

선생님은 그런 나를 보며

"내일 교무실로 오라"는 한 마디를 남기고 가셨다.

그때의 나는 내일이 오는 게
정말 너무나도 두려웠다.

하지만 그날의 기억 속에서 진짜로 오래 남은 건,
바로 만화방에서 읽은 이현세의 만화 속 한 구절이었다.
그 구절은 어린 나의 마음에 깊이 새겨져,
오랜 시간이 지나도 잊히지 않고 남아 있다.
그날의 두려움과 만화 속에서 발견한 감동이
나에게 소중한 추억으로 자리 잡았다.

지금 돌이켜보면,
그 시절의 모든 순간들이 모여
나를 성장시키고 있었다는 생각에 가슴이 따뜻해진다.

오늘은 며칠일까? 오늘은 매일이지.
귀여운 사람아, 오늘은 일생이야

- 『카론의 새벽』, 이현세

이 문장을 처음 마주했을 때

어린마음에도 심장이 철렁하는 것 같았다.

그 시절의 나는

그저 하루하루를 흘려보내기만 한 것 같았다.

하지만 그 글을 읽고 나서

다시는 돌아올 수 없는

그 수많은 하루하루가 모여

내 한 달이, 일 년이 된다는 생각이 들었다.

'오늘'이라는 시간이

단순히 반복되는 날들 중 하나가 아니라,

내 인생 전체를 담고 있는

귀한 순간이라는 걸

느낀 건 그걸 읽고서도 한참

세월이 지난 후였다.

지금 돌아보면, 그 시절의 모든 순간들이 모여

나를 성장시키고 있었음을 깨닫게 된다.

그때의 두려움마저도

지금의 나를 만드는 한 조각이었음을

이제는 감사하게 여길 수 있다.

떠나는 날, 아름다웠다 말할 수 있도록

나 하늘로 돌아가리라.

새벽빛 와 닿으면 스러지는

이슬 더불어 손에 손을 잡고,

나 하늘로 돌아가리라.

노을빛 함께 단둘이서

기슭에서 놀다가 구름 손짓하면은,

나 하늘로 돌아가리라.

아름다운 이 세상 소풍 끝내는 날,

가서, 아름다웠더라고 말하리라.

- 〈귀천(歸天)〉, 천상병

내가 가장 좋아하는 시인의 이 시는

삶을 떠나는 마지막 여정을 '소풍'이라 부른다.

도대체 소풍이라니.

얼마나 다정하고 아름다운 표현인가.

죽음을 두려움이 아니라 돌아감으로,

이별이 아니라 안녕으로 받아들이게 만드는 그 언어의 힘.

막걸리 한 잔이면 행복했고,

자신을 "가난을 직업으로 삼은 사람"

이라 표현했던 시인.

그는 우리가 잊고 사는

진짜 풍요를 알고 있었던 사람이다.

이빨 빠진 웃음, 주름진 얼굴,

그의 사진 속 미소는

어떤 장식보다도 깊은 아름다움을 품고 있다.

1993년,

결국 그는 소풍을 끝내고 돌아갔다.

그래서 나는 가끔 생각한다.

지금 그는 그곳에서,

과연 "참 아름다웠다"고 말하고 있을까?

그리고 우리에게도

그런 마지막 인사가 가능할까?

나 역시 "정말 아름다운 세상이었다"

고 말할 수 있을까?

많은 사람들은 "행복해지고 싶다"고 말한다.

하지만 '행복'은 어디에 있을까?

누군가에겐 여행이고,

또 다른 누군가에겐 맛있는 음식일 수 있다.

그래서 나는 다시 묻게된다.

"누구와 함께하느냐가, 더 중요한 건 아닐까?"

사랑하는 사람들과 함께 보내는 평범한 시간,

가족, 친구, 연인과 나누는 짧은 대화,

소소한 웃음, 한 끼 식사,

그 안에서 우리는 소풍 같은 순간을 만난다.

거창한 계획도, 특별한 이벤트도 필요 없다.

그저 함께 머무는 시간 자체가

우리 삶의 진짜 행복이 된다.

그리고 언젠가,

그 소중한 이들도 하나둘씩

자신만의 소풍을 마치고 떠나간다.

이별은 아프지만,
"함께한 시간이 정말 좋았어"라고 말할 수 있다면
그걸로 충분하지 않을까?

그래서 나는 오늘도
"얼씨구절씨구 차차차, 지화자 좋구나 차차차"를 외친다.
장난스러운 소리 같아도,
그 안에 담긴 건 삶을 향한 진심이다.

나는 오늘이라는 소풍을 즐기려 한다.
나와 함께해주는 사람들,
그들과 나누는 밥 한 끼, 웃음 한 조각,
그 모든 것을 마음껏 누리고 싶다.

그렇게 하루하루를 쌓아가다 보면,
언젠가 내 소풍이 끝나는 날에도
환한 미소로 말할 수 있을 것이다.
"정말로 아름다웠다"고 말이다.

숫자가 아닌 진심

우리는 종종 손에 꼭 쥐고

놓지 못하는 것들과 함께 살아간다.

지금 내가 하고 있는 일일 수도 있고,

쉽게 끊지 못하는 관계나

방 안 한 켠에 무심히 쌓여 있는 물건들일 수도 있다.

이따금, 스스로를 돌아보며 정리해야 할 순간이 온다.

그때 우리는 다시금 물어야 한다.

지금 이 순간,

진짜 중요한 건 무엇인가?

얼마 전, 우연히

카카오톡 친구 목록을 들여다본 적이 있다.

놀랍게도 목록에는 2,568명의 이름이 나열되어 있었다.

그중 상당수는 이름만 봐선 도무지 기억이 나지 않았다.

프로필 사진을 봐도 어렴풋한 인상뿐,

심지어 단 한 번도

대화를 나눈 적 없는 이들도 적지 않았다.

나는 잠시 망설였다.

'혹시 이 중 누군가는 나에게 중요한 인연이었을까?'

하지만 곧 이런 생각이 들었다.

더 이상 이어지지 않을 관계를

굳이 붙잡고 있을 필요는 없지 않을까?

그래서 마음을 다잡고, 정리를 시작했다.

이름도 낯설고, 대화 한 줄 없던 사람들,

떠올려 보려 해도 감정이 일지 않는 인연들.

하나씩, 천천히 삭제해 나갔다.

몇 번의 클릭으로 관계가 사라지는 그 순간,

잠깐은 스쳐 지나간 추억도 있었지만,

더 이상 이어질 이유 없는 인연을 떠나보내는 일은

생각보다 홀가분했다.

정리를 마친 뒤엔 오히려 마음이 한결 가벼워졌다.

쓸데없이 움켜쥐고 있던 무게들이 빠져나간 느낌.

우리는 무언가를 버린 후에야 비로소 깨닫는다.

모든 것이 중요해 보이던 순간조차,

실은 진짜 중요한 것만 남겼을 때

비로소 내가 가야 할 길이 또렷해진다는 사실을.

마치 화투를 칠 때,

비·풍·초 같은 점수에 큰 의미 없는 패들을 덜어내야

진짜 승부를 위한 좋은 패들이 손에 남듯 말이다.

나 역시 그런 경험을 한 적이 있다.

처음엔 어떤 일을 정리하거나 포기하는 것이 두려웠다.

혹시 중요한 기회를 놓치는 건 아닐까,

뒤늦게 후회하게 되지는 않을까.

하지만 시간이 지나고,

내가 남겨둔 선택들이 내 가치를 증명해주고,

작지만 분명한 성과로 이어질 때

나는 그 선택이 옳았음을 알게 되었다.

업무든, 관계든, 삶의 선택이든

정리의 본질은 단순한 효율성이 아니다.

그 안에는 내가 진정으로 지켜야 할 것이 무엇인지를

스스로에게 묻는 과정이 있다.

덜 중요한 것을 내려놓고

더 중요한 것을 선택하는 용기.

그것이 결국 내 인생의 방향을 정한다.

카톡 친구 목록을 정리하며 느꼈던 그 마음처럼,

우리 인생도 가끔은 정리가 필요하다.

자리를 차지하고 있지만 아무런 의미 없는 것들,

마음을 잡아끄는 듯하지만

실은 아무 에너지도 주지 않는 것들.

그 모든 것을 하나씩 비워내야

진짜 소중한 사람과 시간에

마음껏 집중할 수 있다.

관계는 숫자나 빈도가 아니라,

결국 진정성으로 채워져야 한다.

결국, 무엇을 붙잡고 무엇을 내려놓을지는 나의 선택이다.

그리고 그 선택이 내 인생을 만들어간다.

숫자는 잊혀져도 마음은 남는다.

그리고 그 마음이 진짜 관계를 만든다.

결국, 무엇을 붙잡고 무엇을 내려놓을지는

나의 선택이다.

그리고 그 선택이 내 인생을 만들어간다.

숨비소리가 필요할 때

지치고 힘들 때면 그 사람은 전화를 건다.

그리고 늘 첫마디는 같다.

"아무리 바빠도 내 얘기 좀 들어줘.

그리고 무조건 내 편이 되어줘."

우리 회사 팀장 중 한 명의 스트레스 해소법이다.

하루에도 수없이 마주치는 뜻밖의 상황,

내 의도와는 전혀 다른 방향으로 흘러가는 결과들,

설명할 수 없고,

이해조차 되지 않는 감정들이 쌓이는 날.

그럴 때 그는 누군가에게 전화를 건다.
누군가 내 이야기를 있는 그대로 들어주고,
그 어떤 판단이나 충고도 없이
오로지 '내 편'이 되어주는 것.
그 한 사람의 존재만으로도
무너지려던 마음이 다시 세워진다고 했다.
그 모습은 마치 바다 속에서 한참을 참았다가
숨을 내쉬는 해녀의
숨비소리와도 닮아 있었다.

깊은 한숨을 쉰 후,
툭툭 털고 다시 일어설 수 있는 용기.
그건 거창한 조언이나 해결책에서 오지 않는다.
오히려 말없이 들어주는 귀,
무조건적인 편들기에서 비롯되는 위로다.
휙… 호오이, 호오이….
"나 잘 살아있다."
해녀들이 물질을 마치고

수면 위로 올라와 내쉬는 숨소리.

이 소리를 '숨비소리'라고 부른다.

고희영 작가가 글을 쓴 그림책

『엄마는 해녀입니다』에는

이런 문장이 나온다.

"오늘도 욕심내지 말고, 딱 너의 숨만큼만 있다가 오너라."

숨, 그 단순한 행위가

삶과 죽음을 가르는 기준이 된다.

숨을 쉰다는 건 살아 있다는 증거이며,

숨을 멈춘다는 건 존재의 끝이다.

해녀들은 그 단 한 모금의 숨으로

깊고 차가운 바다를 오간다.

그들의 숨비소리는 절박하게 참았던 삶의 호흡이자,

무사히 돌아왔다는 안도의 신호다.

그리고 그 한 호흡은

다시 바다로 나아가기 위한 재충전의 순간이기도 하다.

우리도 해녀처럼

삶의 깊은 곳까지 다녀오는 날이 있다.

일터에서, 관계에서, 가정에서

한없이 숨을 참고 버티다 보면

문득, 숨을 쉬고 싶어진다.

그럴 때 누군가에게 기대어

가만히 숨을 고를 수 있다면 얼마나 좋을까.

우리 팀장이 그렇게 의지하듯

무조건 내 편이 되어줄 누군가.

말없이 듣고, 따지지 않고,

그냥 그 자리에 있어주는 존재.

그리고 반대로

나도 누군가에게 그런 숨비소리가 될 수 있다면

그건 참 따뜻하고도 강한 삶이 아닐까.

숨을 참는 삶이 아니라

숨을 나누는 삶.

나만의 숨비소리를 찾아서,

아니면 누군가의 숨비소리가 되어주자.

세상을 버텨낼 수 있게 해주는

그 깊고도 따뜻한 숨 하나를 위해.

그 계절, 이문세, 나의 르네상스

우연히 채널을 돌리다 마주친 이문세의 노래,

<옛사랑>의 전주가 흐르는 순간

나는 그 시절로 다시 돌아가 있었다.

"찬바람 불어와 옷깃을 여미우다"

짧은 가사 한 줄에

달콤한 호떡 냄새가 떠오르고,

포장마차에서 김이 모락모락 피어오르던

따뜻한 어묵 국물이 생각났다.

그 시절의 내 모습이

마치 오래된 사진처럼 선명하게 떠올랐다.

노래 한 곡이 잊고 지내던 감정들을 다시 꺼내고,

잠시 멈춰 있던 나를

그때의 감성으로 재탄생시켰다.

이것이야말로

음악이 가진 마법이 아닐까 싶다.

'르네상스'의 뜻은 '재탄생'.

이문세의 노래는 내게 그런 순간을 선물해왔다.

마이마이는 가질 수 없었지만,

대신 라디오에 귀를 붙이고

〈별이 빛나는 밤에〉를 들었던 밤들.

그 밤의 음악은

때로는 위로였고,

때로는 친구들과 나눌 이야기의 시작이었다.

그렇게 함께 듣고, 나누고,

울고 웃으며 우리는 자라났다.

가을 바람이 불어오기 시작하면

나는 늘 이문세의 계절이 왔다고 느낀다.

그의 목소리는

찬바람 사이로 스며들어

마음을 따뜻하게 감싸고,

잊고 있던 감정들을 다시 깨운다.

노래 한 곡이, 그 시절의 나를 다시 불러내고

지금의 나를 잠시 멈춰 서게 만든다.

그 순간만큼은 나는 다시 웃고, 울고,

내 안의 무언가를 새롭게 마주하게 된다.

어쩌면 그것이

나만의 작은 르네상스일지도 모른다.

우리는 누구나 그런 순간을 품고 있다.

어떤 노래, 어떤 냄새,

익숙한 거리의 풍경 하나가

내 안의 오래된 기억을 불러내고,

잊고 지내던 감정을 다시 불태운다.

그럴 때마다 나는 묻고 싶어진다.

"당신의 르네상스는 언제였나요?

그 순간이 지금의 당신을 어떻게 다시 살아나게 했나요?"

그 작은 경험이

삶을 다시 시작하게 해줄지 모른다.

그 순간의 울림이

지친 우리에게 다시 한 걸음을 내딛게 해줄지도.

오늘은 그런 이야기를 나누고 싶은 날이다.

나를 다시 살아 숨 쉬게 해준 그 순간,

그 소중한 기억을 함께 떠올려보고 싶은 날이다.

가을은 언제나

가을은 언제나,

한 계절이 저물어가는 그 틈에서

사색과 그리움을 조용히 불러일으킨다.

여름의 푸르른 열기는 어느새 자취를 감추고,

나뭇잎들이 하나둘 붉고 노랗게 물들기 시작하면

나는 알 수 없는 저릿한 감정에 사로잡힌다.

가을바람은 차갑기도 하지만

왠지 모르게 따뜻하고 포근하게 다가와

우리의 곁을 조용히 스쳐 지나간다.

그 바람 속에는 말로 설명할 수 없는

묵직한 고요와 오래된 기억들이 담겨 있는 듯하다.

서늘해진 공기엔 낙엽의 냄새가 스며들고,

나무에서 떨어지는 잎사귀 한 장 한 장마다

시간의 덧없음이 스쳐 지나간다.

가을의 빛은 따뜻하면서도 어딘가 쓸쓸해서,

나는 자주 걸음을 멈추고

뒤를 돌아보게 된다.

가을이 되면 내가 잊고 지냈던 감정들이

다시금 조용히 떠오른다.

붉게 물든 나무 아래에 서 있으면

언젠가 그 자리에서 나누었던 웃음과 눈물,

그 모든 순간이 지금도 여기에 있는 듯하다.

가을은 내게 이렇게 묻는 듯하다.

"어떤 순간들이 당신을 이루고 있나요?"

그 질문 앞에서 나는 자연스레

내 삶의 조각들을 되짚어 보게 된다.

그래서 가을은 단지 추억을 불러오는 계절이 아니라
나를 돌아보게 하고,
삶의 방향을 다시 생각하게 만드는
깊은 성찰의 시간이 되는지도 모른다.

바스락거리는 낙엽 소리에 귀를 기울이며
그저 무작정 걷고 싶어지는 이 계절.
나는 바란다.
이 가을이 조금만 더,
오래도록 머물러 주기를.
그리고 그 속에서 만난 사람들과의 순간도
조금 더 오래 마음속에 남아 있기를.

말하지 않으면 아무도 모른다

"말하지 않으면 아무도 모른다."

이 말은 내가 이 일을 하면서 가장 자주,
가장 진심을 담아 우리 팀장들에게 했던 말 중 하나다.
열 길 물속은 알아도 한 길 사람 속은 모른다더니,
정말 그렇다.

자기표현이 서툰 사람들은
대체로 감정을 드러내기보다 숨긴다.

말하고 싶지 않아서가 아니라,

어떻게 말해야 할지 몰라서

혹은 말하면 오히려 불편한 상황이 생길까 두려워서,

그저 속으로 삼키고 만다.

예를 들어, 친구와의 모임에서

내가 선호하지 않는 장소를 제안받았을 때

"사실 거기 별로야"라고 하지 못하고,

그냥 웃으며 "그래, 괜찮아" 하고 만다.

하지만 이렇게 반복되면

내 감정은 자꾸만 뒤로 밀려나고,

어느 순간 그 친구와의 관계조차

피로감으로 다가오게 된다.

자기표현의 어려움은

단지 성격 때문만은 아니다.

어릴 적 주변 어른들의 반응,

사회적 분위기, 타인의 시선에 대한 두려움 같은 것들이

말하지 않는 쪽을 선택하게 만든다.

"너무 솔직하면 상처 줄 수도 있어."

"그냥 참는 게 편할 수도 있어."

이런 말들을 듣고 자란 사람일수록

'말하지 않는 편이 낫다'고 믿게 된다.

하지만 말하지 않으면

내 감정은 누구에게도 닿지 못한다.

결국 원하는 것도 얻지 못하고,

관계에서 점점 외톨이가 되는 기분을 느끼게 된다.

그래서 자기표현은 연습이 필요하다.

처음부터 감정을 다 털어놓는 게 아니라

작은 말부터 시작해보는 것이다.

"내가 좋아하는 건 이거야."

"지금 조금 피곤해."

이처럼 짧고 단순한 표현부터

입 밖으로 꺼내보는 거다.

회사에서도 마찬가지다.

내 의견을 드러내는 게 어려울 땐

질문부터 시작해도 좋다.

"이 방법이 더 좋을까요?"

"이렇게 해보면 어떨까요?"

이런 말 한마디가 생각보다 큰 변화를 불러오기도 한다.

처음엔 서툴 수 있다.

하지만 그건 당연한 일이다.

거울 앞에서 연습해도 좋고,

가까운 친구에게 시도해봐도 좋다.

자기표현은 결국, 나 자신을 이해하고

타인과의 관계를 단단하게 만들어가는 과정이다.

작은 말 한마디가 세상과 나를 이어주는 첫 걸음이 된다.

그러니 천천히, 내 안의 목소리를 꺼내보자.

그것이 진짜 소통의 시작이다.

제임스 사수 이야기

29살의 나는 늘 술자리에서 "고고고!"를 외치며
3차까지 달리던 사람이었다.
얼큰하게 취한 채로 회사에 대한 불만, 업무 고민,
직장 상사와 동료들에 대한 평가를
가리지 않고 술잔에 털어 넣곤 했다.
밤이 깊어갈수록 술잔은 끝없이 채워졌고,
그렇게 3차쯤은 가야 겨우 위로받는 기분이 들었다.

그럼에도 신기하게 새벽에 집에 들어가도

출근에 늦은 적은 없었다.

내가 좋아서 마신 술을 핑계로 지각하는 건

직장인으로서 반칙이라 생각했기 때문이다.

그날도 어김없이 새벽에 일어나 씻고 출근했다.

속도 괜찮았고, 머리도 맑았다.

스스로에게

역시, 나는 강하다"라며 스스로를 은근히 치켜세웠다.

그러나 거울 속 내 모습은 화장이 들떠 있었고,

입술엔 립스틱조차 덜 발라 있었다.

그때 사수 제임스가 부서 사람들 모두가 들도록 말했다.

"판 대리, 강남킴스 오픈했지?

시장조사 좀 하고 와.

점심도 맛있게 먹고."

고개를 갸웃하는 내게,

그는 자리로 다가와 조용히 속삭였다.

"내 차 어디 주차했는지 알지?

어제 과음했잖아. 힘들 텐데 차에서 좀 자고 와."

그러면서 건네준 건 코란도 차 키였다.

순간, 가슴이 뭉클했다.

머리가 아니라 마음이 핑 돌 만큼 따뜻한 온기였다.

제임스는 일을 잘 알려주는 사수이기도 했지만,

돈 한 푼 들이지 않고도 사람의 마음을 얻는 방법을

종종 가르쳐주는 사람이었다.

그 덕분에 훗날 나도 고객과 직원의 마음을 얻는 법을

자연스럽게 배워 활용할 수 있었다.

사람마다 저마다의 온도가 있다.

누군가는 너무 차갑고, 누군가는 너무 뜨겁다.

하지만 제임스는 늘 적당한 온도를 유지하는 사람이었다.

내 생일에는 신세계백화점에서 산

작은 프랑스산 헤어핀을 자필 카드와 함께 건넸다.

그 정성에서 나는 '사람과 함께하는 일'의 힘을 배웠다.

내가 받아서 좋았던 것은

결국 누군가에게 전해주고 싶어지는 법이다.

세월의 흔적이 고스란히 남아 있는 그 헤어핀을

나는 지금도 버리지 못하고 간직하고 있다.

내 마음을 색깔과 모양으로 표현한다면,

아마 빨간색 네모 속에 하트를 그려 넣은 것과 같을 것이다.

차갑지도, 뜨겁지도 않은, 딱 그만큼의 온도로.

사람을 믿고 하루를 견디고

숨이 턱 막혔다.

앞만 보고 달려오다 보니

놓쳐버린 것들이 하나둘 눈에 들어왔다.

하지만 괜찮았다. 중요한 건 포기하지 않는 것이었다.

속도가 더디면 어때, 멈추는 게 더 두려운 일이었다.

잠시 숨을 고른 뒤, 다시 목표를 향해 뛸 것이다.

- 2011년 3월 4일, 가장 가까운 직원에게 보낸 카톡

사람을 이끄는 자리란 매일이 불안과의싸움이었다.

너무 앞만 보고 달리다 보니 어느 순간,

함께 달리던 사람들의 표정이 눈에 들어오기 시작했다.

그리고 문득 깨달았다.

내가 가장 힘들어했던 건 일이 아니라

사람이었다는 것을.

2011년, 내 직함은 '실장'이었다.

당시 인기 드라마 속 주인공들도 하나같이 실장이었고,

최지우가 이병헌을 "실땅님"이라 부르며

유행을 만들던 시절이었다.

하루에도 수십 번, 직원들이 나를 불렀다.

"실장님! 실장님! 실장님!"

어느 날은 정신이 아득해져

"10분만, 제발 아무도 날 부르지 마"

라고 말했던 기억도 있다.

처음 맡은 고객사, 처음 호흡을 맞춰야 하는 직원들,

모든 것이 불안했지만

그중에서도 가장 불안한 건 나 자신이었다.

팀장들의 눈빛은 초조했고,

결정이 필요할 때마다 "실장님!"을 외치며 내게 달려왔다.

그때 나는 늘 이렇게 말했다.

"아는 게 힘이 아니야.

실천이 힘이지.

생각만 해서는 아무것도 바뀌지 않아."

우종민 박사의 『마음력』에서 읽은 문장도 떠올랐다.

" 1%라도 이해한 사람,

그걸 실천하는 사람이 진짜 행복한 사람이다. "

그러나 현실은 달랐다.

엑셀을 배우라 해도 여전히 미루고,

체력을 길러야 한다 하면 집에서 뒹굴기 일쑤였다.

그런 모습을 보며 내 마음도 불안해졌다.

결국, 결과를 바꾸는 건 일이 아니라 사람이었다.

말없이 책임을 다하며 신뢰를 쌓는 이가 있었고,

매번 작은 상처를 남기는 이도 있었다.

그래서 더 조심스러워졌다.

누구를 믿어야 할지, 어떻게 믿어야 할지.

하지만 그럼에도 불구하고,

나는 결국 사람을 선택해야 했다.

"우린 할 수 있다!"

"우린 해낼 수 있어!"

내 안에서도 불안이 끓어올랐지만, 믿어야 했다.

그 순간을 넘어야만

더 나은 우리가 될 수 있음을 알았기 때문이다.

모기약, 세탁세제, 초콜릿, 와이퍼, 전동드릴, 막걸리,

수입 맥주, 위스키, 화장품, 샴푸, 비누, 아이스티,

수입 화장품, 소시지, 랩, 바나나, 김치, 치약과 칫솔,

건어물, 생파인애플, 커피….

30년 동안 내가 현장에서 고객과 호흡하며

판매해 온 제품들의 목록이다.

그땐 왜 그렇게 일 욕심이 많았을까.

욕심이라기보다 불안이었다.

우리를 알아달라고 여기저기 기웃거리며 아우성쳤다.

하루하루가 생존 게임 같았다.

어떻게 하면 고객사에 더 차별적으로 어필할 수 있을지,

어떻게 해야 눈에 띌 수 있을지 끊임없이 고민했다.

어디서 문제가 터질지 몰라 늘 긴장했고,

팀장이 전화를 잠시 받지 않아도

혹시 잠수를 탄 건 아닌가 마음 졸였다.

'이런 일을 언제까지 해야 하나.'

'언제까지 이 조마조마함 속에서 버텨야 하나.'

그 불안을 똑바로 마주하기까지 참 오랜 시간이 걸렸다.

지칠 때면 눈을 감았다 뜨면

몇 달쯤 훌쩍 지나 있기를 바라던 시절도 있었다.

지금 돌아보면, 그날의 사투들은

결국 우리가 포기하지 않았다는 증거였다.

울지 않고 버텨낸 밤들이 우리를 단단하게 만들었다.

'생존'이라는 이름으로 버텼지만,

사실 그 속에 있었던 건 신뢰였다.

사람을 믿고, 하루를 견디고,

내일을 그려내던 그 시간.

나는 이제 안다.

그 모든 날들이 결국 우리를 성장시키는 선물이었음을.

그렇게 우리는 살아냈고, 살아남았다.

수박주스 한 잔에 담긴 마음

연일 이어지는 무더위는

숨조차 제대로 쉬기 어렵게 만들었다.

한 걸음, 한 걸음 내디딜 때마다

뜨거운 공기가 목을 죄어왔다.

올해 여름은 유난히 길고, 또 유난히 뜨겁다.

6월과 7월, 고객사 시즌 행사를 위해

격주 주말 근무를 이어온 지도 어느덧 4년째.

올해는 '거래처 미방문 매장 제로'라는

목표를 세우고 달려왔다.

그리고 오늘이 그 마지막 주말이었다.

차로 이동해도 더위는 피할 수 없었다.

주차장에서 매장까지의 50미터 남짓한 거리가 문제였다.

가만히 서 있어도 등에 땀이 흘렀고,

내리쬐는 햇빛은 무게처럼 어깨를 눌렀다.

발걸음은 점점 빨라졌고,

순간적으로 '그냥 뛰어버릴까?' 하는 생각마저 들었다.

업무를 마치고 주차장으로 돌아가는 길,

한 가게 앞에 놓인 커다란 수박 사진이 눈길을 끌었다.

'수박주스'라는 글자가 유난히 반짝였다.

순간 시원한 단맛이 머릿속에 그려졌다.

여직원들을 위해 간식 삼아 주문하고,

동행한 팀장과도 한 잔씩 나눴다.

차갑게 손끝을 감싸는 컵, 목을 타고 내려가던 첫 모금.

그 순간, 뜨겁게 달궈진 하루가

시원하게 뚫리는 듯했다.

달콤한 주스가 무더위에 눌렸던 마음을

잠시나마 풀어주었다.

그때 불현듯 떠오른 얼굴들이 있었다.

오늘도 각 매장에서 햇볕과 사람 사이를 오가며

분주히 움직이고 있을 팀장들.

주말마다 "괜찮습니다, 해보겠습니다"

라며 먼저 나서던 목소리,

묵묵히 매장을 챙기던 뒷모습,

그리고 함께 버티며 서로를 지탱해 주던 눈빛들.

나는 곧장 휴대폰을 꺼내

오늘 근무 중인 팀장들에게 수박주스 두 잔씩 보냈다.

짧지만 진심을 담아 "덥지만 파이팅입니다."

라는 메시지도 함께 전했다.

사람은 종종 좋은 걸 먹거나 특별한 순간을 맞을 때,

함께 나누고 싶은 이들을 떠올린다.

그것은 단순한 감정의 반응이 아니다.

관계의 깊이, 함께한 기억,

마음의 연결이 만들어낸 따뜻한 반사 작용이다.

좋은 걸 나누고 싶은 사람이 곁에 있다는 건
그 자체로 감사한 일이다.
그것이야말로 나를 단단히 지탱해 주는
행복의 증거이기도 하다.

결국 사람은, 함께 나눈 순간으로 기억된다.
웃음이든, 위로든, 땀방울이든
그 하루 속에 작은 온기를 남기는 것이
진짜 관계다.

그날의 수박주스는 단순한 음료가 아니었다.
그것은 서로를 기억하는 마음이었다.
행복한 순간에 가장 먼저 떠오르는 사람,
바로 그가 내 삶에서 나눔의 대상이자
마음의 주인공이다.

최강력비: 오직 전진!

중학교 2학년과 3학년 때,

나는 우리 반 체육부장이었다.

그 시절엔 체력장이 있었고,

갓 부임한 체육 선생님은 체육시간마다

우리에게 꽤 강도 높은 체력 훈련을 시키셨다.

체육선생님은 체력장에 임하는 우리에게

각 반의 각오를 구호로 정하라고 하셨다.

우리 반은 고민 끝에

"죽기 아니면 까무러치기"

뒤돌아 볼 여유 없이 전진하겠다는 의지를 담아

이른바 '죽까' 정신으로 체력장에 임하겠다고 다짐하며

그렇게 구호를 정했다.

체육선생님은 우리 반 구호에 담긴 의미를 들은 후

매우 마음에 든다며 엄지를 치켜세우셨다.

왜 죽거나 승리하거나인가?

오직 전진!!!

럭비는 전진해야만 승리하는 스포츠다.

끊임없이 발전이 필요한 우리 인생처럼

멈추지 않기 위한 치열함이

럭비의 본질이자 매력이다.

- 〈최강럭비: 죽거나 승리하거나〉[2]

요즘 내가 가장 아끼며 보는 프로그램은

넷플릭스 <최강럭비: 죽거나 승리하거나>이다.

"죽거나 승리하거나"라는 구호를 보니

---

2. 넷플릭스가 공개한 스포츠 리얼리티 예능으로, 국내 7개 럭비팀이 치열한 경쟁을 펼치는 프로그램이다. 상금이나 화려한 장치 없이, 선수들이 온몸으로 부딪히며 보여주는 럭비 본연의 강인함과 팀워크를 담아낸다.

중학교 때 "죽기 아니면 까무러치기"를 구호로 내건
우리 반 체육부장 그 시절이 떠올랐다.
무모하리만치 뭐든지 할 수 있었을 거 같은
그때 그 시절이….

날것 그대로의 살아있는 생명력이 느껴지는 이 스포츠는
단순한 경기 그 이상이었다.
힘과 열정, 그리고 도전의 순간들이 담긴 경기를 볼 때마다
꽤 감동적인 드라마 한 편을 보는 기분이 들었다.
어디로 튈지 모르는 공 하나를 두고
모든 에너지를 쏟아부으며 싸우는 선수들의 모습은
진정한 영웅 그 자체였다.

살수차 35대를 동원해서 만든
연세대와 웃맨(OK)의 폭우 속 수중전은
지금 이 게임이 마치 마지막 게임인 것처럼
사력을 다해 뛰는 선수들 모습이 존경스럽기까지 했다.
누구랄 것도 없이 너무 힘들어서
입 밖으로 저절로 튀어나오는 욕마저
그리 거칠게 들리지 않았다.

그건 아마도 그들의 불굴의 의지와 투지 때문인지도 모른다.

나는 두 팀의 경기를 보면서

그들이 사력을 다해 몸을 아끼지 않고

이기기 위해서가 아닌 끝까지 최선을 다하는 모습에

너무도 감동스러워 나도 모르게 눈물이 났다.

몇 분 남지 않은 그 시간에 트라이 한 개를 성공시키기 위해

몸을 아끼지 않는 투혼에

어느 팀이라고 할 것 없이 그 저 손뼉 치며

큰 소리로 응원을 할 뿐이었다.

"시작도 하기 전에 패배한 것을 깨닫고 있으면서도

어쨌든 시작하고, 그것이 무엇이든 끝까지 해내는 것이

바로 용기 있는 모습이란다."

- 『앵무새 죽이기(To Kill a Mockingbird)』[3], 하퍼 리

끝까지 해내는 용기.

---

3. 1960년에 발표된 장편소설로, 미국 남부의 작은 마을을 배경으로 한 인종차별과 정의, 양심의 문제를 다룬 작품이다. 어린 소녀 스카웃의 시선을 통해, 변호사 아버지 애티커스 핀치가 흑인 남성을 변호하면서 마주하는 사회적 편견과 도덕적 용기를 그린다. 1961년 퓰리처상을 수상했다.

스포츠 경기는 예측 불가능해서 더 재미있다.

이변이 일어나는 순간, 진짜 드라마가 시작되니까

"피, 땀, 눈물"은 모두 헌신과 노력,

그리고 대가를 상징하는 요소다.

'피, 땀, 눈물'은

각자의 순간에서 아픔과 고통을 의미할 수 있지만

결국 이를 통해 우리가 성장하고

성취를 이룬다는 점에서 공통점이 있다.

모든 희생과 노력은 의미 없는 것이 아니며

그것이 하나로 모일 때

비로소 진정한 기쁨과 성취를 맛볼 수 있는 건 아닐까?

최강럭비!!!

럭비에서 내가 가장 멋지다고 생각하는 플레이는

바로 스크럼(Scrum)이다.

스크럼은 경기가 잠시 멈췄을 때

선수들이 서로 맞붙어 힘을 겨루는 장면이다.

단순한 힘싸움이 아니라

팀워크와 신뢰가 필요한 과정이다.

한 명이라도 힘을 빼면 스크럼은 무너진다.

그래서 럭비에서 스크럼은

단순한 플레이가 아니라 상징이다.

이 스크럼 정신은 직장 생활에서도 마찬가지다.

일을 하면서 내가 가장 중요하다고 느낀 건 동료애였다.

나는 '동료애'라는 말을 참 좋아한다.

일이 아무리 힘들어도

좋은 동료와 함께 해본 경험이 있어서

더욱 그런 것 같다.

하지만 사람이 힘들면,

아무리 일이 쉬워도 버텨내기 어렵다.

럭비의 스크럼처럼 서로를 믿고 협력하는 팀워크가

곧 우리를 앞으로 나아가게 하는 힘이다.

럭비는 전진하지 않으면 승리할 수 없는 스포츠다.

판촉 역시 고객의 외면과 거절 속에서도

포기하지 않고 한 걸음 더 나아가는 용기로

마음을 움직인다.

운동장에서 변화무쌍한 상황에 즉각적으로 반응하며

전략을 조정하는 럭비선수들처럼

판촉사원은 매장에서

고객의 니즈와 이야기에 귀 기울이며

그 순간에 맞는 최선의 답을 찾아 제품을 소개해준다.

스크럼에서 온몸을 내던져 팀을 위해 싸우는 선수들처럼,

판촉사원은 고객 한 사람 한 사람을 진심으로 대하며

최선을 다한다.

럭비를 보며 깨달은 건 단 하나다.

전진하려면 혼자가 아닌 함께여야 한다는 것.

오늘도 우리는 각자의 스크럼을 짜고 있다.

일터에서, 가정에서, 그리고 자신과의 싸움 속에서.

우리의 스크럼이 단단히 뭉쳐 있는 한,

무엇이든 해낼 수 있을 것이다.

"죽기 아니면 까무러치기",

"전진만이 길이다!"

이제 우리가 그 말을 행동으로 증명할 차례다!

메타인지, 아는 것과 모르는 것 사이

"이럴 때 진짜 열 받지 않나요?"

분명히 다 설명했고,

상대가 고개까지 끄덕였는데도

나중에 돌아오는 말은

"그런 전달 받은 적 없어요."

억울함을 넘어 황당함이 밀려오는 순간이다.

그런데 이런 일은 한두 번이 아니다.

팀장들은 "분명히 전달했고,

판촉사원들도 다 알겠다고 했다"고 말한다.

그러나 현장에서 확인해 보면

돌아오는 대답은 늘 비슷하다.

"처음 듣는데요?"

도대체 왜 이런 일이 반복될까?

잘못된 공지 탓일까?

듣는 사람이 흘려들었기 때문일까?

아니면, 자기 자신이 모른다는 사실조차 모르는

'메타인지 부족' 때문일까?

메타인지란 간단히 말해

'내가 무엇을 알고, 무엇을 모르는지 아는 것'이다.

그런데 많은 사람들은

자신이 모른다는 사실을 인정하려 하지 않는다.

그래서 "알겠어요"라고 말은 하지만,

막상 상황이 닥치면 기억하지 못한다.

메타인지가 부족한 사람은

실수를 해도 왜 실수했는지 알지 못한다.

그러니 같은 실수가 계속 반복될 수밖에 없다.

"나는 분명히 아는데 왜 자꾸 틀리지?"

바로 그게 메타인지 부족의 신호다.

그렇다면 어떻게 해야 할까?

- 모니터링:

지금 내가 무엇을 알고 있고, 무엇을 모르는지 스스로 점검하기

- 컨트롤:

모르는 부분을 인정하고, 다음엔 다르게 시도하기

리사 손 교수는 메타인지 학습법에서,

실패와 실수를 인정할 수 있는 환경이 중요하다고 말한다.

실수 자체보다 더 위험한 건

"나는 제대로 했어"라는 착각이다.

그래서 스스로에게 물어야 한다.

"내가 정말 이걸 알고 있는 게 맞을까?"

내가 아는 것을 안다고 하고,

내가 모르는 것을 모른다고 하는 것.

그것이 진짜 앎이다.

– 『논어(論語, The Analects)』, 공자

아는 척이 아니라, 진짜 아는 것.

모른다고 인정할 수 있을 때, 비로소 성장이 시작된다.

결국, 나를 바꾸는 힘은

'안다고 착각하지 않는 것'

에서 비롯된다.

당신은 어떤 사람입니까?

며칠 전, 아끼는 동생에게서 카톡이 왔다.

"언니는 나한테

변호사, 판사, 선생님, 친구… 다 되지."

라는 메시지였다.

그 한 줄을 읽는 순간, 가슴이 몽글몽글해졌다.

뭉클함과 따뜻함이 동시에 밀려와

나도 모르게 미소가 번졌다.

그 아이와 나는 어린 시절에 만나

어느덧 20년이 넘는 시간을 함께했다.

기쁨은 나누고,

힘든 날엔 서로의 어깨를 빌려주며

그렇게 우리는 서로에게 좋은 사람이 되어왔다.

고민이 있을 땐 주저 없이 연락해

속마음을 털어놓을 수 있는 사이.

자주 보진 않아도 언제나

마음 한켠에 자리 잡고 있는 소중한 존재다.

그런 동생에게서 이런 메시지를 받으니,

문득 스스로에게 묻게 된다.

'나는 어떤 사람으로 기억될까?'

좋아하는 사람들에게 좋은 영향을 주고,

힘든 순간엔 떠올라 연락하고 싶은 사람.

그런 사람이 될 수 있다는 사실이 내겐 큰 행복이자 감사다.

내게 행복이란,

누군가의 마음속에 따뜻한 흔적을 남기는 것.

그 흔적이 나중에 그들에게 작은 위로와 힘이 된다면

더할 나위 없을 것이다.

그래서 나는 오늘도 진심을 담아 묻고 싶다.

"괜찮아?"

"언제나 네 편인 거 알지?"

그 작은 말 한마디가

또 다른 누군가의 마음속에서

오래도록 따뜻하게 남기를 바라면서.

직업의 이름이 아니라 태도의 이름

요즘은 한때 뜨겁게 불었던 인문학 열풍이

한풀 꺾인 듯하다.

몇 년 전만 해도 인문학은 사람을 이해하고

'나다움'을 찾는 길로 주목받았지만,

지금은 실용적이고 기술 중심의 학문에

더 많은 시선이 쏠린다.

그럼에도 사람들은 여전히 "나다움"을 이야기하고,

원하는 답을 얻기 위해 질문을 바꾸라고 말한다.

3부. ART O

그러나 정작 평생을 살면서도

자신이 무엇을 진정으로 좋아하는지,

자기 안의 진짜 모습을 알지 못하는 이들이 많다.

나 역시 한때 그런 고민을 했다.

좋아하는 일을 직업으로 삼고,

그 안에서 경제적 성공까지 이룰 수 있다면 얼마나 좋을까.

하지만 세상은 그렇게 단순하지 않았다.

좋아하는 일을 찾는 데 시간을 보내기도 하고,

설령 찾았다고 해도 그 일이 내 삶을 책임질 수 있을지

불안에 시달리기 마련이었다.

그래서 어느 순간, 생각을 바꾸었다.

세상에는 수많은 직업이 있고,

그 일을 통해 나름의 가치를 발견하며 살아간다.

반드시 좋아하는 일을 직업으로 삼아야 한다는 강박에서

조금은 벗어날 수 있었다.

대부분의 사람들은 일을 통해 돈을 벌고,

그 돈으로 행복을 만들어간다.

물론 좋아하는 일을 하며

경제적 성취까지 거두는 사람이 있다면

가장 이상적일 것이다.

그러나 그런 사람은 극소수다.

나는 오랫동안 인적 아웃소싱 업무를 하면서

수많은 이력서를 접했다.

어떤 이는 한 가지 일을 꾸준히 해왔고,

어떤 이는 여러 이유로 직업을 수차례 바꾸었다.

하지만 한 가지 분명한 사실은,

어떤 직업을 선택하든

불안과 좌절은 피할 수 없다는 점이었다.

내가 처음 판촉 일을 시작했을 때도 그랬다.

판촉은 흔히 단순 아르바이트쯤으로 여겨지지만,

실제로 해보면 결코 만만치 않다.

고객사의 까다로운 요구, 직원 관리에서 오는 스트레스,

밤잠을 설친 날들이 이어졌다.

'내가 이 일을 계속할 수 있을까?'

라는 회의감과 후회가 수없이 밀려왔다.

하지만 그 시간을 견디고 나면,

오히려 더 단단해진 나를 발견했다.

힘든 상황에서도 끝까지 책임을 다하고

문제를 해결했을 때의 성취감은 이루 말할 수 없었다.

'을'의 위치에서도

충분히 당당할 수 있다는 사실을 몸으로 배웠고,

고객과의 소통 속에서 신뢰를 쌓아갈 때는

내가 이 일을 잘 해내고 있다는 자부심이 생겼다.

대학 졸업이 취업을 보장하지 않는 시대다.

청년들은 일자리가 없다고 말하지만,

우리는 일할 사람을 찾지 못해 고민한다.

특히 판촉 업무는 기피 대상이지만,

막상 시작해보면

그 늪에서 빠져나오기 힘든 매력이 있다.

단순히 물건을 파는 일을 넘어 사람과 관계를 쌓고,

그 속에서 성취를 맛볼 수 있기 때문이다.

대학은 여전히 필수처럼 여겨지지만,

졸업 후에도 길이 보장되지 않는다.

오히려 아르바이트나 판촉 같은

현장 경험을 통해 돈을 벌고 인생을 배우는 편이

더 현명할 수 있다.

실제로 판촉 업무를 통해

경제적 안정을 찾은 이들도 많았다.

그들은 또래보다 빨리 사회에 적응하고,

현실의 문제를 스스로 해결하며 앞서갔다.

그래서 나는 좋은 대학에 진학해

원하는 직장을 꿈꾸는 이들에게

차라리 돈을 벌며 실전 경험을 쌓아보라고 권하고 싶다.

학문적 탐구와 지적 성장은 물론 중요하다.

그러나 때로는 삶의 현장에서 배우는 것들이

더 값지고 현실적일 때가 있다.

결국 중요한 건 직업의 이름이 아니라,

그 일을 어떻게 받아들이고

어떤 태도로 성장해 나가느냐다.

판촉 업무는 나에게 그런 태도를 가르쳐주었고,

그 덕분에 나는 어디서든 당당히 일할 수 있게 되었다.

직업은 단순한 생계 수단을 넘어 나를 성장시키고,

내 삶에 자부심을 불어넣어 주는

소중한 길이라는 것을,

나는 이제야 분명히 말할 수 있다.

판촉예술가를 양성합니다

"말을 잘하는 것은 기술이지만,

고객의 마음을 얻는 것은 예술이다."

나는 이 문장을 판촉 업무를 하며 수없이 떠올렸다.

세상에는 사람이 많고 직업도 많다.

기술의 발달로 사라진 직업도 있고,

새롭게 생겨난 직업도 있다.

'직업(職業)'이란 결국 생계를 유지하기 위해

자신의 적성과 능력에 따라

일정 기간 종사하는 일을 뜻한다.

그러나 그 정의 속에는 늘 사람의 마음과 이야기가

함께 담겨 있다.

대부분의 사람들은 직업을 선택해 돈을 벌고,

그 돈으로 저마다의 행복을 찾아간다.

가장 이상적인 건 좋아하는 일을 직업으로 삼고

경제적 성공까지 이루는 것이지만,

현실에서 그런 경우는 드물다.

그래서 우리는 늘 묻는다.

"나는 지금 어떤 일을 하고 있는가?"

"다시 직업을 고를 수 있다면, 같은 일을 선택할까?"

인적 아웃소싱 일을 오래 하다 보니

수많은 이력서를 접했다.

어떤 이는 한 길을 묵묵히 걸었고,

또 어떤 이는 다양한 이유로 직업을 여러 번 옮겼다.

물을 찾겠다고 여기저기 땅을 파는 이도 있었고,

한 우물만 깊게 파는 이도 있었다.

정답은 없다.

다만, 그들의 이력서는 살아온 궤적이자

자기만의 또 다른 기록일 뿐이다.

문제는 직업의 이름보다 태도다.

우리 사회는 대학 졸업장을 필수로 여겼지만,

졸업한다고 바로 취업이 보장되는 것은 아니다.

졸업 후 평균 1년 가까이 백수로 지내는 청년들도 많다.

하지만 우리는 또 일할 사람을 찾지 못해 고민한다.

판촉 업무 같은 일은 대다수가 기피하기 때문이다.

나는 그래서 차라리 청년들에게 말하고 싶다.

짧은 시간이라도 돈을 벌면서 인생 공부를 해보라고.

판촉은 결코 자존감을 낮추는 일이 아니다.

오히려 삶의 본질을 가르쳐주는 훈련장이 될 수 있다.

멕시코시티 재래시장에서 만난

인디언 노인 '포타라모'의 이야기가 그걸 잘 보여준다.

양파 스무 줄을 걸어놓고 장사하는 그는,

미국인 관광객이 한꺼번에 다 사겠다는 제안을

단호히 거절했다.

이유를 묻자 그는 이렇게 대답했다.

"나는 양파를 팔러 나온 게 아니라 인생을 살러 나온 거요.

북적이는 사람들, 햇빛, 종려나무의 흔들림,

친구들과의 인사를 사랑하기 때문이오.

스무 줄을 한 번에 다 팔아버리면

내 하루가 사라지고 말지요.

나는 그 삶을 잃고 싶지 않소."

이 이야기는 판촉이

단순히 물건을 사고파는 행위가 아니라,

삶을 살아가는 태도라는 걸 일깨워준다.

젊은 백수, 백조들이여.

지금 가진 게 없다고 불평하지 말라.

오히려 앞으로 무엇이든

채워 넣을 수 있다는 가능성이다.

좋아하는 일을 직업으로 갖지 못했다고 낙담하지 말자.

그렇다면 지금 하고 있는 일을 좋아해보는 것은 어떨까.

인생은 무한하지 않다.

지금 눈앞의 일을 통해서도

우리는 얼마든지 자기만의 길을 만들 수 있다.

결국 직업은 돈을 버는 수단을 넘어,

나를 단련하고 성장시키며,

삶을 예술로 바꾸는 과정이다.

감정노동자가 아닌, 감정공감자로

나는 '감정노동자'라는 단어 좋아하지 않는다.

그 속에는 무거운 피로와 고단함이 깃들어 있고,

무엇보다 이 용어를

서비스업에만 국한하는 것도 어딘가 아쉽다.

사실 우리는 누구나 일상 속에서

크고 작은 감정을 소비하며 살아가지 않는가.

그렇다면 차라리 더 긍정적이고

힘이 되는 이름으로 불릴 수 있다면 얼마나 좋을까.

미국의 물류 서비스 회사

PIE(Pacific Intermountain Express)도

비슷한 고민을 한 적이 있었다.

해마다 수십만 달러의 손실을 보고 있었는데,

그중 절반 이상이 단순한 물품 분류 실수 때문이었다.

회사는 품질관리 전문가인

애드워드 데밍 박사에게 자문을 구했다.

모두가 복잡한 매뉴얼이나 새로운 시스템을 기대했지만,

그의 답은 의외로 단순했다.

"이제부터 배송기사를 '물품분류 전문가'라고 부르십시오."

처음에는 많은 이들이 이름 하나 바꾼다고

뭐가 달라질까 하는 의문을 가졌다.

그러나 결과는 놀라웠다.

단 한 달 만에 배송 오류가 10% 줄어든 것이다.

호칭이 달라지자 사람들은

자신의 역할을 새롭게 인식했고,

그만큼 자부심을 가지고 일하게 된 것이다.

우리 역시 불리는 이름에 따라

스스로를 바라보는 눈빛이 달라진다.

그리고 그 시선이 삶의 태도까지 바꿔 놓는다.

그래서 나는 우리 판촉사원들을

'감정노동자'라 부르고 싶지 않다.

대신 고객의 마음을 이해하고,

그들의 이야기에 귀 기울이는 '감정공감자'라 부르고 싶다.

그들이 하는 일은

단순히 물건을 판매하는 일이 아니다.

고객의 감정을 읽고, 필요를 섬세하게 채워주는 일이다.

그 과정 속에서 진정한 가치를 만들어내는 사람들이다.

우리가 서로의 가치를 존중하며,

그 가치를 담아낸 이름으로 불릴 수 있다면

세상은 한결 따뜻해지지 않을까.

나는 오늘도 그런 세상을 꿈꾼다.

더 나은 이름으로 불리고,

더 나은 역할을 살아내는 세상을 말이다.

한 시대를 이끈 판촉예술가 '드림팀'

2001년 3월, 우리는 하나의 결심을 했다.

"최정예 판촉팀을 만들자."

같은 매장에서 같은 제품을 판매하면서도

어떻게 하면 더 높은 매출을 올릴 수 있을까,

밤낮없이 고민한 끝에 내린 결론이었다.

그 무렵 인기를 끌던 TV 프로그램

<출발 드림팀>에서 영감을 받아,

판촉 분야에서도 최고의 실력을 갖춘 이들로

새로운 기록을 세워보자는 다짐이었다.

초창기 드림팀은

서울에서 활동하는 단 6명으로 시작했다.

제품에 대한 열정, 탁월한 판매력,

그리고 고객을 진심으로 대하는 태도.

이 세 가지를 갖춘 사람만이 드림팀이 될 수 있었다.

우리는 이들을 위해 파격적인 급여와

특별한 유니폼을 준비했고,

경쟁사와 뚜렷한 차별화를 통해

자부심을 심어주었다.

성과는 곧 눈에 보였다.

하루 매출 1천만 원을 돌파하고,

단 4개의 매장에서 연이어 기록을 갈아치웠다.

입소문은 전국으로 퍼졌고,

드림팀은 어느새 32명의 팀으로 확장되었다.

그 성과는 한국을 넘어, 글로벌 본사 사보에도

성공 사례로 소개될 만큼 주목을 받았다.

드림팀의 성취는 단순한 판촉을 넘어선,

열정과 헌신이 빚어낸 결과였다.

하지만 성공의 그림자도 뒤따랐다.

경쟁사에서 '스페셜팀', '엔젤팀' 등

이름만 다른 모방 팀들이 속속 등장했고,

심지어 면접 자리에서 'OO 드림팀 출신'이라는 말이

흔히 들릴 정도였다.

매장에서는 "너도 드림팀? 나도 드림팀이라던데?"

라는 말이 돌기 시작했다.

드림팀의 희소성이 무너지기 시작한 것이다.

우리는 정체성을 지키기 위해

기수별 인증서를 발급하고,

유니폼 디자인을 개편하며 차별화를 꾀했다.

그러나 결국 내린 결단은 하나였다.

"가장 빛날 때 내려오자."

정상의 자리에 있을 때 스스로 해산하기로 한 것이다.

드림팀의 평균 일당은 2001년 9만 원에서

2004년 13만 원으로 인상되었다.

2025년 현재의 평균 판촉 인건비와 비교해도

여전히 높은 수준이다.

그러나 그들이 진정으로 원했던 것은 돈이 아니었다.

"역시 너니까",

"역시 드림팀은 다르다"는 한마디의 인정

그 말이 그들의 자부심이자,

더 열정적으로 일할 수 있는 힘이었다.

드림팀의 성공 뒤에는 또 하나의 원칙이 있었다.

바로 링겔만 법칙에 대한 경계였다.

팀원이 많아질수록 개인의 노력이 줄어드는 현상.

우리는 이를 피하고자 소수 정예로 팀을 꾸렸고,

각자가 책임감을 느끼며

최고의 성과를 내도록 독려했다.

그 결과, 팀은 탁월한 시너지를 발휘할 수 있었다.

덕분에 각자의 자리에서 탁월함을 발휘했고,

그들이 모였을 때 진정한 시너지가 폭발했다.

드림팀은 단지 기록을 만든 판촉팀이 아니었다.

각자의 자리에서 '최고의 나'를 실현했던 이들의

자부심 그 자체였다.

그들은 지금도 여전히 유통의 전설로 남아 있다.

그리고 우리는 그 이야기를 기억한다.

최고의 순간에 빛났고,

가장 뜨거울 때 스스로 무대를 내려왔던,

그래서 더욱 전설이 된, 진짜 드림팀을.

이판사판완판

판매의 끝판왕이란 무엇일까.

나에게 있어 그것은 단 한 가지,

바로 '완판'이다.

어떤 제품을 팔든, 어떤 환경에서 일하든,

프로모션 조건이 어떻든 간에

진정한 판매자는 결코 불평으로 시작하지 않는다.

잘 나갔던 드림팀도 마찬가지였다.

그들은 불평 대신 매장 환경에 빠르게 적응했고,

오직 완판이라는 목표를 향해 달렸다.

"오늘 못 먹은 밥은 내일도 못 먹는다."
그 단순한 진리를 마음에 새기며,
반드시 팔아내겠다는 집념과 결의는
하루하루의 매출로 증명되곤 했다.

완판을 위해 때로는
경쟁사와 치열한 싸움을 벌이기도 했고,
한 개만 사려는 고객에게
"두 개를 사시면 만 원 상당의 세탁 바구니를 드립니다!"
라며 기분 좋은 제안을 건네기도 했다.
과거 두피 가려움증을 호소했던 고객을 기억해두었다가
개선된 제품을 자신 있게 권하면서
더 좋은 사은품을 챙겨주기도 했다.

이처럼 판촉 예술가들은
완판을 목표로 고객과 유쾌하게 소통하며
매출을 쌓아간다.
그들의 열정과 노력이 모여 결국 '완판'이라는

최고의 성과로 이어진다.

그들에게 있어 판매란 단순한 거래가 아니라,

목표를 향한 열정과 예술의 결합이다.

같은 제품을 팔더라도

태도와 마음가짐에 따라 매출의 성과는 확연히 달라진다.

처음엔 사람들은 비웃으며

"그렇게까지 왜 하냐?"고 묻지만,

결국엔 감탄하며

"그렇게 하려면 어떻게 해야 하나?"라고 되묻곤 한다.

나는 다시 한 번 이렇게 말하고 싶다.

판촉!

모두가 선망하는 직업은 아닐지 몰라도,

가볍게 보지 마라.

그 가치를 모르는 당신이야말로

진짜 가벼운 존재다.

그 믿음을 더욱 굳게 해준 경험이 있다.

어느 날, 매장에서 열심히 일하고 있던 경애에게

조용히 다가온 한 스님이 있었다.

손님이 드물던 날에도

드림팀 경애는 매장을 정리하며 지나가는 이들에게

제품을 설명하고 있었다.

스님은 내 모습을 보시고

"열심히 하는 모습이 참 보기 좋아요"

라고 말씀해주셨다.

그리고는 특별히 필요하지 않으셨음에도

샴푸 하나를 사셨다.

"이건 단순히 물건을 사는 게 아니라,

경애씨가 이렇게 열심히 일하는 걸

응원하는 마음에서 사는 거예요."

그 말은 내 가슴 깊은 곳에 큰 울림을 주었다.

단순한 판매가 아닌, 진심 어린 격려가

사람의 마음을 움직일 수 있다는 사실을

다시금 깨닫게 된 순간이었다.

스님의 작은 응원은 그녀에게 커다란 힘이 되었고,

앞으로도 매 순간 최선을 다하겠다는 다짐을 하게 만들었다.

판매의 끝판왕, 완판.

그것은 단순한 매출 목표가 아니라,

진심과 열정으로 누군가의 마음에

긍정적인 흔적을 남기는 과정이다.

그리고 나는 오늘도

누군가에게 작은 힘이 될 수 있기를 바라며,

최선을 다해 판매의 예술을 이어가고 있다.

Mart에서 Art까지

마트에서의 하루는

단순히 고객에게 제품을 설명하는 시간이 아니다.

나에게는 그 공간이 곧 나만의 무대이며,

매 순간이 하나의 예술을 창조하는 과정이다.

'Mart'에서 'M'을 움직이면 'Art'가 된다.

여기서 'M'은 바로 고객의 마음을 움직이는 Move다.

매일 아침, 마트의 문을 열며

나는 또 다른 공연을 준비하는 배우처럼 하루를 시작한다.

수많은 고객들과 스쳐 지나지만,

그들의 표정과 목소리에는

저마다의 이야기가 담겨 있다.

나는 그 이야기에 귀를 기울이고,

필요한 순간에 내 이야기를 건네며

마음의 교감을 만들어낸다.

때때로 고객이 다시 나를 찾아줄 때,

그들의 마음에 내가 전한 이야기가

남아 있음을 깨닫는다.

그때 느끼는 뿌듯함은 단순한 판매의 성과가 아니라,

관계 속에서 피어나는 진짜 가치다.

그래서 나는 스스로를

'Mart'에서 'M'을 움직여

'Art'를 만드는 판촉예술가라 부른다.

이 예술은 화려하지 않다.

하지만 작은 순간 속에서 밝게 빛난다.

토요일 오후 2시,

어김없이 찾아오는 할머님 고객이 계시다.

늘 시식용 바나나를 드시며

"정말 달고 맛있네!"라고 말씀하실 때마다,

우리는 그 미소에서 새삼스러운 기쁨을 얻는다.

처음엔 그저 맞장구만 쳐드렸던 이야기가

시간이 흐르며 내 일상 속에 자리 잡았다.

아들 자랑, 노인정 이야기,

TV 속 사소한 대화 속에서

할머님의 외로움과 그리움이 묻어났고,

우리는 그 말에 더 귀 기울이게 되었다.

어느 날 할머님은 이렇게 말씀하셨다.

"내가 매주 오는 이유는,

여기서 당신과 나누는 짧은 대화가 너무 좋아서야."

그 말은 우리 마음을 깊게 울렸다.

고객과 직원의 관계를 넘어,

우리는 서로의 일상 속에서

작은 연결고리를 만들고 있었던 것이다.

바나나 한 조각에 담긴 따뜻한 대화가

우리의 하루를 더 특별하게 만들고 있었다.

그래서 우리는 오늘도 이 무대 위에 선다.

마트는 단순한 매장이 아니라,

고객과 우리의 이야기가 살아 숨 쉬는 공간이다.

매 순간이 곧 예술이며,

그 속에서 우리는 삶의 의미와 기쁨을 발견한다.

토요일 2시를 기다리듯,

우리는 오늘도 누군가와 만들어갈

작은 이야기를 기다린다.

59초에 담은 판촉의 얼굴

사람들은 흔히 서비스업 종사자를

'감정 노동자'라고 부른다.

하지만 그 이름 속에 담긴 무게를

정말 제대로 이해하는 이가 얼마나 될까.

환하게 웃는 얼굴 뒤에 숨겨진

슬픔과 아픔을 헤아려 본 사람은 과연 얼마나 될까.

물건을 파는 판촉사원이

찡그린 얼굴로 고객 앞에 설 수는 없다.

"고객은 왕이다"라는 구호 아래,

늘 친절과 미소를 강요받는다.

그래서 내 감정은 뒷전으로 밀려나고,

나는 매일 출근할 때마다 하나의 가면을 쓴다.

그 가면 속에서 나의 또 다른 자아는

조금씩 지치고 아파온다.

불특정 다수의 고객을 매일 상대하다 보면,

마치 내가 아닌 '가짜의 나'를 보여주고 있는 듯한

기분이 들기도 한다.

그러나 역설적이게도,

고객의 마음을 헤아리고 공감하는 과정은

결국 내 감정을 돌아보는 길이 되기도 한다.

고객을 이해하려 애쓰는 순간,

나는 내 안의 슬픔과 아픔도 다시 들여다보게 된다.

나는 대형마트에서 일주일에 세 번 근무하는

평범한 40대 여성이다.

두 달 전까지만 해도 네 번이었지만,

매출 감소로 근무일이 줄었다.

마트에 들어서는 순간, 나는 감정 노동자가 된다.

내 감정보다 중요한 건 생존이기에,

내 속의 슬픔은 깊숙이 묻어둔다.

지난주에는 사랑하는 시어머니의 장례를 치른 지 며칠 되지 않아

무거운 발걸음으로 출근했다.

하지만 유니폼을 입고 제품 앞에 서는 순간,

나는 또다시 미소를 띠어야 했다.

고객의 질문에 친절히 대답하고,

아무것도 사지 않고 떠나는 고객에게도 인사하며 웃어야 했다.

매장에서 우리가 가장 조심하는 말이 있다.

"없어요, 안 돼요, 몰라요."

이 세 가지 금기어를 피하려 애쓰면서,

나는 내 감정을 더욱 깊이 눌러 담는다.

그러나 어떤 날은 그 눌린 감정을 위로받는 순간도 찾아온다.

한 고객이 다가와

"정말 친절하시네요. 고맙습니다"라고 말해주었을 때,

내 마음속에는 작은 행복이 피어났다.

그 순간 내가 하는 일이 단순한 판매를 넘어

의미 있는 일임을 깨달았다.

세상 사람들은 각자 자신의 고통이 가장 크다고 느끼곤 한다.

나 역시 그랬다.

하지만 고객이 지어준 미소와 감사의 말이 내게 남긴 울림은

내 마음속에 작은 두근거림을 심어주었다.

그것이 내게 하루를 버틸 힘이 된다.

- <페르소나>, '59초 영화제' 출품작

나는 믿는다.

말을 잘하는 건 기술일지 모르지만,

고객의 마음을 얻는 건 예술이다.

그래서 나는 스스로를 '판촉사원'이 아니라

'판촉 예술가'라고 부른다.

나는 감정 노동자가 아니라,

고객과 소통하며 따뜻한 공감을 나누는 사람이다.

2019년, 키네마스터를 통해 영상을 배우고,

한정혜 대표가 주최한

59초 영화제에 출품한 작품 '페르소나'로

당당히 1등을 했다.

그것은 우리 판촉사원들의 이야기를 담은

작은 기록이었지만,

세상에 우리의 목소리를 낸 소중한 순간이었다.

우리는 각자의 자리에서 묵묵히 소중한 역할을 해낸다.

그리고 그 과정 속에서

서로에게 힘이 되어줄 수 있다고 믿는다.

언젠가 우리가 하는 일이

더 많은 사람들에게 인정받을 날이 오리라.

오늘도 나는 고객 앞에서 웃으며,

그 희망을 품는다.

판촉 예술가들의 캡틴, 그 이름으로 충분하다

말을 잘하고 싶었다.

하지만 단순히 유려한 말솜씨를 뽐내는 사람이 아니라,

내 말에 무게가 실리고,

그 말에 책임을 지는 사람이 되고 싶었다.

그 바람을 품고 스피치 학원을 찾던 중,

평소 좋아하던 김미경 원장님의 '아트스피치'에서

스타 강사 양성과정을 모집한다는 소식을 들었다.

3개월, 12주간 체계적인 커리큘럼.

망설일 이유가 없었다.

나는 바로 5기 원생으로 등록했고,

매주 퇴근 후 역삼동 학원을 찾아가 스피치 공부를 시작했다.

단 한 번을 제외하고는 빠지지 않았다.

출석이 곧 실력이라는 믿음으로,

매주 과제를 충실히 해내며 열심히 달려갔다.

하지만 나와 함께한 원우들은

유치원 원장님, 기상청 부청장님, 영어 학원 강사님 등

이미 말하기에 능숙한 사람들이었다.

내 눈에는 모두가 나보다

훨씬 관록있고 여유있어 보였다.

마지막 강의, 자유 주제로 5분 스피치를 했다.

그동안 배운 것들을 녹여내야 하는 무대였다.

김미경 원장님의 스피치 공식,

'A,B,A-'를 염두에 두며 말을 풀어갔다.

5분은 길었지만, 나는 흔들리지 않으려 애썼다.

그리고 믿기 힘든 순간이 찾아왔다.

대상 - 내 이름이 불려졌다.

"와우, 언빌리버블!"이란 말이 절로 나왔다.

당시 나는 회사 일에 조금씩 권태를 느끼고,

삶의 변화를 원하던 시기였다.

사람들이 종종 나를 두고

"김미경 원장님과 말투와 제스처가 닮았다"

고 할 때마다 묘한 기분이 들곤 했다.

김미경 원장이 승승장구하던 시절이었으니,

그 말은 은근한 기대와 부담을 동시에 안겨주었다.

"나도 저렇게 될 수 있을까?"라는 질문이

마음속에서 자꾸 자라났다.

그러던 어느 날, 아트스피치에서 전화가 왔다.

김미경 원장의 파랑새 특강 무대에

'아트 스피커 K'로 설 기회를 주겠다는 제안이었다.

순간, 내가 곧 김미경 원장의

'미니미'가 될 것 같은 환상이 스쳤다.

하지만 나는 결국 그 제안을 거절했다.

이유는 단순했다.

나는 가짜가 되고 싶지 않았다.

김미경의 또 다른 그림자가 아니라,

나 스스로의 이름으로 인정받고 싶었다.

무엇보다도 무대에 설 자신이 없었다.

나에게는 더 많은 공부와 경험이 필요했고,

말과 행동이 일치하지 않는 상태에서 청중 앞에 서는 것은

내 가치관에 맞지 않았다.

그래서 나는 결심했다.

지금 내가 하고 있는 일에서 승부를 보자.

도망치듯 회사를 그만두는 대신,

내가 이룬 성취로 인정받고 싶었다.

김미경을 흉내 내는 '가짜'가 아니라,

'판촉 예술가'를 양성하는 '캡틴판양'으로 서는 것이

훨씬 멋지지 않은가.

그 선택이 언제나 쉽지는 않았다.

하지만 지금 내가 서 있는 자리,

그 자리에서 일궈낸 작은 성취들이

당시의 나를 자랑스럽게 만들어준다.

누군가를 따라가는 대신,

나답게 걸어가는 길.

내가 만든 무대 위에서,

내가 주인공이 되는 삶.

판촉 예술가들과 함께 걷는 이 길이야말로,

내가 꿈꾸던 진짜 예술 아닐까.

말하는 대로, 그렇게 살기로 했다

너무 큰 걱정은 불행을 만드는 이유가 된다.

고통이 나를 붙잡고 있는 것이 아니다.

내가 그 고통을 붙잡고 있는 것이다.

나의 마음이 밝으면 해가 뜬다.

나의 마음을 접으면 달이 진다!

- 석가모니

처음 만난 강사였지만,

다시는 못 만날 것 같은 임팩트를 남긴 분이었다.

작은 체구에 비해 전해지는 울림이 커서

사람들은 그녀를 두고 "작은 거인"이라 불렀다.

33년 동안 심리상담가로 일해왔다는데,

앳된 얼굴을 가진 그녀의 이력을 듣는 순간,

나도 모르게 입이 벌어졌다.

그녀는 단순한 강의가 아니라

몸과 마음의 연결을 온몸으로 보여주었다.

"목은 화날 때 잡는 게 아니에요.

평상시에 자근자근 잡아주세요."

라며 몸을 통해 감정을 다스리는 법을 알려주었다.

마음과 몸은 언제나 긴밀하게 연결되어 있다.

스트레스와 피로는 몸의 신호로 드러나고,

그 신호를 어떻게 받아들이느냐가 삶의 질을 좌우한다.

뇌는 강력한 도구이자

동시에 쉽게 길들여질 수 있는 장기다.

뇌가 긍정적인 자극을 받을 때 활성화되고,

반복되는 언어와 행동은 그 자극을 강화한다.

그래서 박수를 치는 단순한 행동조차도

뇌에는 긍정의 신호가 된다.

강사는 "뇌는 진짜와 가짜를 구분하지 못한다" 고 말했다.

흔히 사용하는 '레몬 실험'이 이를 잘 보여준다.

레몬을 떠올리기만 해도

입안에 침이 고이고 신맛이 도는 것처럼,

상상만으로도 뇌는 실제 반응을 일으킨다.

그렇기에 긍정적인 언어를 반복할수록

뇌는 그것을 현실로 받아들인다.

언어는 곧 감정이다.

긍정적인 언어를 쓰면 삶의 만족도가 올라가고,

부정적인 상황에서도

긍정적인 표현을 선택하려는 노력은

회복탄력성을 키워준다.

"나는 괜찮아", "나는 잘될 거야"

같은 짧은 말들이 뇌를 깨우고,

스스로에게 작은 선물이 된다.

이는 단순한 자기 위안이 아니라

과학적으로도 검증된 사실이다.

웃음이 뇌에서 세로토닌, 도파민, 엔도르핀 같은

신경전달물질을 분비하게 만든다는 연구들이

이를 뒷받침한다.

자존감은 자신을 존중하는 태도에서 자라난다.

회복탄력성은 반복 훈련을 통해 키워진다.

그리고 그 두 가지를 지탱하는 힘이 바로 '언어'다.

언어는 마음을 바꾸고,

마음은 다시 삶을 바꾼다.

강의는 이렇게 끝을 맺었다.

"뇌는 하루의 처음과 끝을 기억합니다.

오늘 하루를 어떤 단어로 시작하고

어떤 단어로 마무리할지 선택하세요."

정말이지 60분 동안 버릴 것이 하나도 없는 강의였다.

언어, 마음, 성공이라는 세 가지 키워드가

한 줄로 이어졌다.

2025년의 나를 채울 언어는

이제 '복을 리필하는 말'이 될 것이다.

내가 내뱉는 말이 나 자신에게도 선물이 되고,

내 삶을 북돋는 씨앗이 되기를 바라면서.

강사 덕분에, 나는 지금보다

더 기대되는 2025년을 맞이하게 되었다.

성실이 만든 따뜻한 아침

지초(향기로운 풀)와 난초가 있는 방에 들어가 오래 있으면
그 향기를 맡지 못하니, 이는 그 향기에 물든 것이다.
생선(절인 생선) 가게에 들어가 오래 있으면
악취를 맡지 못하니, 또한 그 냄새에 물든 것이다.

-『예기(禮記)』「대학(大學)」

새해를 의미 있게 시작하고 싶어,
토요일 아침 부지런히 성실이의 조찬 강의를 찾았다.

일찍 일어나 강연장으로 향하는 발걸음이

신기하게도 가볍고 설렜다.

배우는 분위기 자체가 활기를 불어넣었고,

역시 에클은 태의 공동체라는 생각이 들었다.

그날의 강연자는 문성실이었다.

그녀의 이야기는 담백하고 솔직했다.

때로는 울컥하게 했고,

때로는 힘찬 박수를 이끌어냈으며,

때로는 안쓰러움에 마음을 뭉클하게 만들었다.

"그 사람 착해?" 라는 질문에

"갸는 날개 없는 천사야."

"요리 잘해?"라는 질문에

"요리 천재지!"

"돈 많이 벌어?"라는 질문에는

"직원 월급 주고 겨우 먹고 산다더라."

가장 가까운 사람이 해주는 말이 결국 진짜 모습일 것이다.

그녀 회사에서 가장 오래 일한 직원의 직함이

'언니'라는 것만 봐도 알 수 있다.

20년 넘게 온라인에서
자신만의 20층 빌딩을 쌓아 올린 그녀는 누구보다 부자다.
그러나 번아웃으로 힘들어 약을 먹던 시절도 있었다.
그녀가 내린 처방은 달리기였다.

"2024년 7월부터 달라지자고 마음먹었어요.
8주간 30분 달리기를 시작하면
'이걸 마치고 나면 난 다시 나아질 거야!'라고 믿었죠.
살기 위해서 시작한 달리기가
이제는 멈출 수 없는 게 되었어요."

그 꾸준함 덕에 10월엔 10km 마라톤까지 완주했다.
몸과 마음을 동시에 훈련하며 더욱 강해진 그녀.
역시 성실한 사람은 다르다.

그녀가 전한 콘텐츠의 힘은 세 가지였다.
정보, 재미, 의미.
명분 있는 콘텐츠는 공유할 수 있어야 하고,

단발성보다 꾸준함이 힘을 만든다고 했다.

무엇보다 자신만의 스토리를 만들어야 한다는 것.

결국 콘텐츠는 삶의 태도와 맞닿아 있었다.

성실, 진정성, 공부, 감사.

그녀는 이 네 가지를 삶의 중심에 두었다.

"사람에게 따뜻한 영웅"이 되고 싶었다는 고백은

성공보다 중요한 것이

결국 주변 사람에게 좋은 영향을 미치는 일임을

일깨워 주었다.

"20년간 SNS를 하면서 가장 좋은 건,

좀 더 괜찮은 사람이 되고 싶다는 마음이 생겼다는 거예요.

성공보다는 성장을,

성장을 넘어서 성숙을 만들어 주는 게

SNS의 힘이라 생각합니다."

실패를 반복하더라도 오늘 더 친절하기로,

오늘 더 다정하기로,

생각과 행동이 일치하기로 다짐하며 살아가는 그녀는

그 어떤 높은 빌딩보다 더 높아 보였다.

김지수 작가가

『이어령의 마지막 수업』에서 전한 말이 있다.

"럭셔리한 삶이란 값비싼 물건이 아니라,

스토리텔링이 많은 삶이다."

문성실은 누구도 흉내 낼 수 없는

자신만의 럭셔리한 이야기를 가진 사람이었다.

칼바람 부는 토요일 아침,

그녀의 이야기는 마음에 따뜻한 온기를 남겼다.

강연이 끝나고 내 마음에 남은 건 '꾸준함'이었다.

콘텐츠든 삶이든,

결국 버티고 쌓아 올린 사람만이 힘을 가진다.

그녀가 20년간 증명해 온 길이 바로 그것이었다.

나는 어떤 스토리를 쌓아가고 있을까.

나는 어떤 공동체에서,

어떤 사람들과 함께 살아가고 있을까.

그 질문에 답하기 위해,

나도 그녀의 이름처럼 조금 더 꾸준히,

조금 더 성실해지기로 했다.

행복보다 귀한 복

"복 많이 받으세요."

누군가 내게 이 말을 건넬 때마다,

나는 문득 생각한다.

복 중의 복, 진짜 최고의 복은 무엇일까?

행복, 인복, 건강복, 부모복, 일복, 회복...

다 귀하고 소중하다.

하지만 내가 꼽는 최고의 복은 조금 다르다.

바로 '반복'이다.

누군가에겐 지루함일 수 있지만,

나에겐 가장 고마운 복이었다.

매일 아침 같은 시간에 일어나고, 같은 길로 출근하며,

커피 한 잔의 향으로 하루를 시작하는 일상.

그 익숙한 반복이야말로

나를 지켜주는 든든한 울타리였음을,

살아가며 천천히 알게 되었다.

어릴 적부터 나는 '복덩이'라는 별명으로 불렸다.

엄마, 아빠, 삼촌, 이모까지,

다들 나를 그렇게 불렀다.

그땐 그저 귀여워서 붙여준 이름이라 생각했지만,

시간이 흐르며 깨달았다.

복은 단순히 타고나는 게 아니구나.

복은 생각하고 실천하며, 반복 속에서 만들어가는 것이구나.

행복도, 건강도, 인복도, 그리고 일복도.

모두 결국 꾸준한 반복에서 비롯된 결과였다.

사람들과 좋은 관계를 맺기 위해 애쓰는 반복,

몸을 돌보기 위해 지켜낸 루틴의 반복,

마음을 지키기 위해 글을 쓰고, 걷고, 읽는 반복.

그 모든 반복이 쌓여서,

나는 '복덩이'라는 별명을

스스로에게도 선물할 수 있게 되었다.

돌아보면,

30년 동안 같은 길을 걸어왔다는 사실이

스스로도 놀랍다.

처음에는 낯설고 버거웠지만,

결국 그 길 위에 놓여 있던 건

반복이 안겨준 수많은 복들이었다.

매장 안에서 수많은 고객을 만나고,

같은 동료들과 웃고, 서로 토닥이며 지나온 시간들.

그 반복이 나를 지켜냈고,

내 삶을 단단하게 빚어주었다.

어느 날 지인이 내게 물었다.

"요즘 뭐가 제일 행복해?"

나는 망설임 없이 대답했다.

"별거 없어.

아침에 일어나 레몬물 한 잔 마시고,

양배추 먹고, 자연과 함께 걷고,

일출을 보고, 글 쓰고, 책 읽고….

그런 반복이 좋아."

지루하지 않느냐고? 전혀 아니다.

그 반복은 매일의 나를 다시 일으켜 세워주는,

작지만 확실한 복권 같다.

사람들은 모두 행복을 원한다.

하지만 행복은 갑자기 찾아오지 않는다.

행복은 반복을 견디고, 반복을 누리고,

반복을 사랑할 때 비로소 조용히 스며든다.

그래서 나는 오늘도 반복한다.

익숙한 걸음으로, 평범한 하루를.

그리고 속으로 중얼거린다.

"그래, 나는 복덩이다.

왜냐하면 '반복'할 수 있는 삶을 살고 있으니까."

그렇다면 당신은 어떤 반복을 살아가고 있나요?

그리고 그 반복은,

지금 당신에게 어떤 복이 되어주고 있나요?

내 하나뿐인 여동생, 이름에 담긴 힘

자기 신랑 이름을 휴대폰에

'새우깡 1번'으로 저장한 언니가 있었다.

이유를 묻자 대답은 간단했다.

"손이 많이 가서."

피식 웃음이 났지만 곱씹을수록 생각이 깊어졌다.

사랑도 결국 손이 가야 유지되는 법이니까.

그때 문득 떠올랐다.

우리가 휴대폰에 저장해둔 이름들은 단순한 호칭일까,

아니면 그 관계를 상징하는 '브랜드'일까.

내 작은오빠의 휴대폰 속 나는
'내 하나뿐인 여동생'으로 저장되어 있다.
그게 뭐라고…. 나는 마음이 뭉클했다.
큰오빠는 그냥 이름 석 자,
언니는 성까지 붙여 저장했는데,
유일하게 작은오빠만 그렇게 남겼다.
그 짧은 글자는
세상 어디에도 없는 나만의 브랜드 같아
오래도록 내 안에 남아 있다.

우리는 5남매다. 위로 오빠 둘, 언니 둘.
그중 작은오빠와는 두 살 터울이라
초등학교를 함께 다녔다.
그 시절, 반에는 여자아이들을 괴롭히던
쌍둥이 형제가 있었다.
나는 울먹이며 오빠에게 달려갔다.

"쟤가 자꾸 괴롭혀…. 나도, 친구들도…."

그러자 오빠는 조용히 그 아이를 불러 혼냈다.

그런데 내가 '어느 쌍둥이'인지 말하지 않아,

엉뚱한 동생이 혼이 나는 해프닝으로

끝나긴 했지만 말이다.

하지만 그날 이후였던 것 같다.

오빠는 내가 억울한 일을 당하면 가장 먼저 나서주는 사람,

말 없는 해결사가 되었다.

어느 해 봄, 만우절이었다.

직원들과 벚꽃 구경을 갔다가

다 같이 장난전화를 하기로 했다.

나는 작은오빠에게 전화를 걸어 스피커폰을 켰다.

"띠띠띠…. 여보세요?"

"어…. 왜?"

"오빠, 나 오늘 길에서 지갑을 주웠는데…."

"응, 근데?"

"근처 파출소에 갖다 줬거든.

근데 조금 있다가 전화가 온 거야."

"왜?"

"지갑 주인이 돈이 없어졌다고,

나보고 오라고 하더라…."

순간, 침묵. 그리고 오빠의 목소리가 단호해졌다.

"네가 돈 꺼냈어?"

"아니야. 그냥 열어만 보고 바로 갖다 줬지."

"지금 어디야? 내가 간다."

그러더니 스피커폰 너머로 거친 욕이 이어졌다.

"경찰 바꿔. 아니, 지갑 주인 바꿔.

내가 얘기할게. 이런 XXXX..."

나는 결국 웃음을 터뜨렸다.

"오빠, 사실 그 사람은 스님이고….

'만우절'이라는 절에서 왔대."

주변이 폭소로 물결쳤지만,

오빠는 한참 동안도 이게 장난이라는 걸 알아채지 못했다.

그리고 끝내 이렇게 말했다.

"만우절이든 뭐든,

너 억울한 일 생기면 가만 안 있는 거 알지?"

그 한마디에 모두가 다시 웃었다.

하지만 내 마음속에서는 또 한 번,

'내 편'이 되어주는 오빠를 확인하는 순간이었다.

다시 오빠의 연락처를 들여다봤다.

'내 하나뿐인 여동생.'

그 이름 안에는 말로 다 할 수 없는 마음과,

내가 모르는 수많은 순간에

조용히 지켜준 시간이 담겨 있었다.

이름은 이렇게 브랜드가 된다.

그저 부르는 소리를 넘어,

관계를 각인시키는 상징이 된다.

고객이 우리 브랜드 이름을 들었을 때 떠올릴 감정도

결국 이런 것일지 모른다.

신뢰, 웃음, 그리고 변함없는 내 편,

이름 하나만으로도 감동을 주는 사람.

그게 바로 나의 작은오빠다.

봄·여름·가을·겨울,

사계절 내내 늘 내 편이다.

"이해 없는 세상에서

나만은 언제라도 네 편인 것을 잊지 마라."

- 이상, 동생 옥희에게 보낸 편지 중

고시래

삶과 죽음은 늘 가까이에 있다.

종이 한 장 차이처럼 얇고 가느다란 경계 위에서

우리는 살아간다.

어릴 적 장례식장은 나에게 두려움의 공간이었다.

괜히 물 한 모금도 마시지 않았고,

조문을 마치자마자 서둘러 집으로 돌아왔다.

현관 앞에 서면 엄마에게 전화를 걸었다.

"엄마, 나 도착했어."

이미 다녀온다는 걸 알려두었기에
엄마는 아무 말 없이 문을 열고 나와
내 등 뒤에 소금을 뿌렸다.
그러고는 낮게 읊조리듯 말했다.
"고시레, 고시레―"

그때의 나는 그 말의 뜻을 알지 못했다.
단지 나쁜 기운을 털어내는 주문쯤으로 생각했다.

세월이 흘러 이제는 결혼식보다
장례식장을 더 자주 찾는 나이가 되었다.
떠나보내야 할 사람,
마지막 인사를 건네야 할 자리가 점점 많아진다.
예전엔 조심스레 발만 디뎠던 그곳에서
이제는 누군가의 삶의 끝을
조용히 배웅하는 마음으로 선다.

영정사진 앞에 서면 짧게 고개를 숙이며 속으로 인사한다.

"수고 많으셨습니다.

이제는 아픔 없이 좋은 곳으로 가시기를.

남겨진 가족들도 잘 지켜봐 주세요."

낯설고 멀게만 느껴졌던 분의 삶이라도,

자식들의 인연으로 우리는 이 자리에 모였다.

차려주신 마지막 식사를 감사히 먹으며,

말없이 그분의 생을 기린다.

장례식은 결국 누구나 가야 하는 길 앞에서,

남은 이들이 보내는 조용한 인사다.

서러움 대신 고마움이,

후회 대신 함께 웃던 기억이 남기를.

그리고 그 이별 후 남겨진 우리를

조금 더 따뜻한 삶으로 이끌어기를.

이제야 알겠다.

장례식장은 끝이 아니라

마지막까지 사랑을 전하는 자리라는 것을.

누군가의 삶을 잠시 멈춰 서서 바라보고,

함께 지켜보는 일.

그것이야말로 사람이 사람에게 건네는

가장 깊고 고요한 배웅이라는 것을.

그 옛날, 엄마가 내 등에 소금을 뿌리며 들려주던 말.

"고시레, 고시레—"

그건 두려움을 막는 주문이 아니라,

남은 사람이 끝내 품고 살아가야 할 사랑이었다.

.

엄마의 빨간색 일기장

나는 어느 날 엄마께

감사일기를 함께 써보자고 제안했다.

그리고 선물한 것이 바로 빨간색 일기장이었다.

쨍한 색감이 유독 눈에 띄는 그 노트는

"엄마, 이건 엄마만의 일기장이야"

라는 말과 함께 엄마의 손에 들어갔다.

그렇게 시작된 '빨간 일기장' 속에는

단순한 기록이 아니라 엄마의 하루와 감정,

그리고 삶이 고요히 담겨가기 시작했다.

엄마는 평생 부지런함을 강조하셨다.

"잠은 죽어서 실컷 자면 돼."

이 말은 엄마의 삶 전체를 요약하는 듯했다.

그 영향으로 나 역시 주말에도

게으르게 흘려보내는 일이 드물었다.

궁금한 것이 있으면 배우고,

좋으면 직원들과 나누려 애썼다.

예전에는 그게 아까웠다.

'내 시간과 돈 들여 배운 걸 왜 남에게 알려줘?

어차피 얼마나 함께할지도 모르는 사람들인데….'

하지만 요즘은 다르다.

나누는 사람들의 마음이 결국 내 시야를 넓혀주고,

나를 성장시킨다는 걸 알게 되었기 때문이다.

그런데 정작 엄마와는 좋은 것을 나누지 않았다.

아마도 엄마께 무언가를 "가르친다"는 것이

어색하고 조심스러웠던 것 같다.

늘 부모는 '나보다 많이 아는 존재'라 여겨왔기에

내가 먼저 알려주는 상황은 낯설고 불편했다.

그런 내 마음을 바꿔놓은 건

어느 날 엄마의 한마디였다.

퇴근해 돌아온 나에게

엄마는 한숨을 쉬며 말씀하셨다.

"아, 다른 건 괜찮은데….

필체가 내가 제일 별로야."

경로당 총무를 처음 맡아 회원들을 위해 식단을 정리하고,

공지를 쓰고, 서류를 챙기며 바쁘게 보내시던 엄마는

자신의 글씨가 못마땅했던 것이다.

그 순간 깨달았다.

엄마도 배우고 싶어 하시는구나.

나는 곧장 제안했다.

"우리 1일 1프로젝트 해볼래?

엄마는 감사일기랑 색칠하기,

나는 젠탱글이나 캘리 쓰기!"

그렇게 시작된 우리의 작은 습관은

어느새 소중한 일상이 되었다.

퇴근 후 거실에 나란히 앉아 하루를 정리하는 시간,
그 고요한 동행이 내겐 점점 더 귀하게 다가왔다.

엄마는 처음엔 어색해하셨다.
"감사한 게 있어야 쓰지…."
하지만 며칠이 지나자
사소한 일에도 감사함을 느끼기 시작하셨다.
감사의 언어로 하루를 채워가니
삶이 조금씩 그러나 분명히 달라졌다.

초저녁 잠이 많은 엄마는
가끔 일기를 놓치기도 했다.

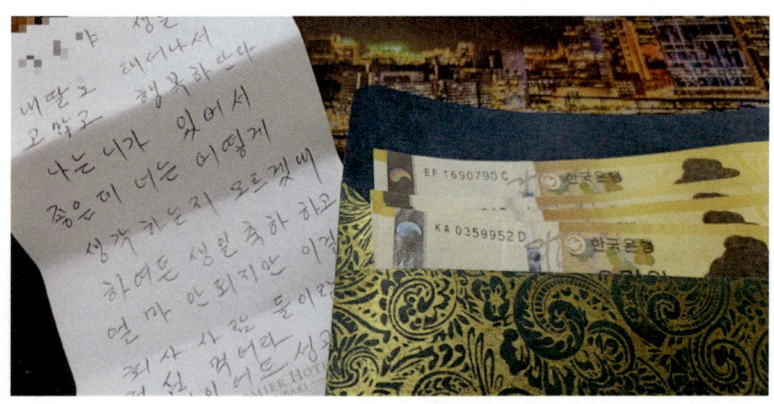

"엄마, 어제 일기 안 썼지? 지금이라도 써."

그러면 엄마는 웃으며 대답하셨다.

"아냐, 오늘 새벽에 일어나서 썼어."

그 말을 들을 때마다

가슴 깊이 뿌듯함이 밀려왔다.

작은 습관 하나가 엄마의 삶을 바꾸고,

동시에 내 마음도 따뜻하게 물들이고 있었다.

어느 날, 우연히 엄마의 일기장을 펼쳐보았다.

그날의 기록에는 이렇게 적혀 있었다.

"오늘은 하루 종일 색칠만 했다.

이렇게 색칠이라도 할 수 있음에 감사하다."

짧은 문장이었지만,

그 글을 읽는 순간 마음 한구석이 뭉클해졌다.

엄마는 늘 부지런함을 이야기하셨다.

그러나 어쩌면 가만히 있는 것이 불안했을지도 모른다.

무언가를 배우고, 기록하고,

몸을 움직이는 것이

엄마만의 삶을 버티는 방식이었는지도 모른다.

나는 엄마를 단순히 '부지런한 사람'으로만 여겼지만,

사실 엄마는 나보다 더 배우고 성장하며

하루를 의미 있게 채우고 싶어 하는 사람이 아니었을까.

그래서일까.

요즘 나는 자주 스스로에게 묻는다.

'엄마는 무엇을 좋아하실까?'

좋아하는 음식, 취미, 작은 습관까지도

다시 묻고 싶어진다.

어쩌면 그 질문은 내가 엄마를 더 알고 싶다는

마음의 표현이었을 것이다.

오늘도 나는 엄마와 함께 거실 탁자에 앉아

색칠을 하고 글씨를 쓴다.

이 평범한 순간들이 언젠가는 기억 속으로 스며들겠지만,

엄마와 나란히 보낸 시간만큼은

내 안에 오래도록 따뜻한 온기로 남을 것이다.

그리고 언젠가 그리움이 사무치게 밀려올 때,

나는 이 순간들을 떠올릴 것이다.

돈으로는 살 수 없는 것들이기에,

엄마와 함께하는 지금 이 시간이

그토록 소중하고 사랑스럽다는 것을

다시금 확인하게 될 것이다.

돈으로 살 수 있는 것에는 돈을 쓰고,

돈으로 살 수 없는 것에는 시간을 쓰라.

- 무라카미 하루키

에필로그

에필로그 – 일이 아니라, 삶이었다

이 책을 다 읽은 당신에게 묻고 싶다.

오늘 당신은, 몇 번이나 사람의 마음을 생각했는가?

고객이었든, 동료였든, 가족이었든,

우리는 하루에도 몇 번씩 누군가와 부딪히고, 또 연결된다.

그 반복되는 하루 속에서

나는 결국 '사람이 일의 전부'라는 걸 알게 되었다.

이제 당신에게 전하고 싶은 말이 있다.

세상엔 하찮은 일이 없다.

다만 하찮게 여기는 시선이 있을 뿐이다.

당신이 지금 서 있는 그 자리,

고객 앞, 동료 곁, 삶의 한복판.

그곳에서 당신이 품고 있는 마음은,

누군가에게는 하루를 버티게 하는 용기이고,

또 다른 누군가에게는 잊히지 않는 따뜻함이다.

이제 나는 말하지 않는다.

"나는 마트에서 예술을 했다"라고.

대신 이렇게 말하고 싶다.

"이제, 당신의 매일이 예술이길 바랍니다."

마트(Mart)에서 시작된 나의 예술(Art),

그 중심에는 언제나,

사람과 사람을 잇는 마음(Heart)이 있었다.

그 하루의 하트가, 우리가 함께 만든 아트가 되기를.
그리고 그 길을 나 혼자 걸을 수는 없었다.

사랑하는 러브패밀리와,
최강 제이엠을 함께 일궈준 유진이와 경아,
유니레버 드림팀 윤정이와 경애,
늘 업계의 기준이 되어 준
넘버원 고객사(헨켈, 진주햄, 페레로, 멘소래담…),
그리고 나의 인운을 알게 해준 무지개패밀리,
영클럽, 에클, 마커스리딩, 열순이, 졸꾸, 엠패밀리…
이 책의 행간마다 그들의 응원과 땀이 스며 있다.

그리고, 하늘에서 여전히 나를 "막내"라 부르실
사랑하는 아빠에게도 감사드린다.

일일이 다 적을 수 없을 만큼 수많은 분들에게
머리 숙여 진심으로 감사의 마음을 전한다.

— 캡틴판양, 하상미

추천사

추천사

이 책은 일과 삶의 경계를 따뜻하게 잇는, 일하는 사람들에게 꼭 필요한 위로이자 격려다. 『마트, 하트, 아트』는 일터에서 만난 사람들, 부딪힘 속에서 피어난 마음, 그 안에서 자란 '나'의 이야기다. 마트에서 시작된 하루하루가 어느새 아트가 된다는 것. 이 책은 일하는 우리 모두에게 보내는 '응원 메시지'다. 지치지 말자. 오늘도 살아내는 당신, 이미 예술이니까.

— SBS 라디오 DJ 래피 (노래로 해피하게, 미래도 해피하게)

"일이 힘든 날, 사람에게 지친 날, 이 책을 꺼내 들게 될 것 같아요." 그녀가 환하게 웃으면서 내게 소곤거릴 것 같거든요. "결국 사람이 답이라고!!" 우리 판양 언니가 살아온 시간이 고스란히 담긴 이야기!! 지친 이들에게 손을 내밀듯, 따뜻하게 닿기를 바래요. ^^

— 문성실 / 요리블로거

리테일 현장에서 가장 중요한 것은 결국 '사람'이다. 저자와 오랜 시간 함께하며 지켜본 그녀의 모습은, 매출과 실적이라는 숫자 너머에서 일의 본질과 진짜 가치를 찾아가는 사람이었다. 마트라는 치열한 일터에서, 고객과의 관계를 통해 일의 의미를 발견하고 그것을 하루하루의 태도와 철학으로 예술처럼 쌓아온 여정이 《마트하트아트》에 고스란히 담겨 있다. 이 책은 '일을 한다는 것'의 본질, 그리고 '사람을 대하는 마음'이 가진 힘을 다시 생각하게 만든다. 일선에서 사람을 만나는 모든 이들에게 일과 관계에 대한 새로운 관점과 영감을 전할 책이다.

— 이재옥 KB증권 전무 / 리테일 고객총괄본부장

누구나 익숙하게 지나치던 삶의 현장, 마트. 많은 이들이 단순한 노동의 공간으로만 여겨온 그곳에서, 저자는 사람과 관계, 일의 의미를 진심으로 붙잡았다.반복되고 고단한 일상을 예술로 승화시키려는 이 시도는 단순한 기록을 넘어, 새로운 시선의 시작이자 일하는 사람 모두에게 전하는 깊은 메시지다. 누구도 쉽게 떠올리지 못했던 발상의 전환, 그 진심 어린 용기에 오래된 동료로서 박수를 보낸다.

"이모는요, 사세요~ 사세요~ 하는 사람이에요."

다섯 살 손주의 이 말을 저는 지금도 가끔 떠올립니다. 처음엔 귀여워서 웃었지만, 곰곰이 생각해보니 딸이 살아온 길을 참 잘 말해주는 한마디더군요. 마트에서 손님에게 말을 걸며 시작한 딸은, 때론 힘들어 울기도 하고, 짜증을 내기도 했지만 다음 날이면 또 웃으며 현장으로 나가는 아이였습니다. 지금은 그 시간을 바탕으로 많은 사람들의 일하는 마음과 자존감을 키워주는 사람이 되었지요. 저는 딸이 단순히 물건을 파는 사람이 아니라, 사람의 마음을 움직이는 일의 가치를 믿고 실천해온 사람이라고 생각합니다. 이 책은 그런 딸의 시간과 마음이 담긴, 엄마로서 참 고맙고 자랑스러운 기록입니다.

이 책의 진정한 차별점은, 현장의 깊은 경험과 전문성을 바탕으로 적용 가능한 지식을 전하는 것을 넘어서 다양한 인연의 마음을 얻기 위해 오랜 길을 걸어온 저자의 용기, 그리고 아직 마르지 않은 땀의 온기에서 비롯된다. 마트에서 자란 하트가 아트로 승화되다니, 이 얼마나 아름다운 공식인가. 누구보다 헌신적이었던 동료가 근사한 영향력을 발휘하는 리더로 성장해온 여정에 박수를 보낸다. 이 신뢰의 일기를 통해, 같은 온도의 열정이 독자들의 하트에 안전하게 배송되길 바란다.

— 김덕주 / 신세계인터내셔널 전무

마트에서 시작된 이야기에 하트를 담은 따뜻한 리더십과 아트를 닮은 단단한 태도가 스며 있었다. 저자의 30년은 단순한 업무의 기록이 아니라, '일을 한다는 것'의 의미를 사람을 통해 증명한 시간이었다. 이 책은 일과 삶 사이에서 버티고 있는 이들에게, 다정하게 말을 건네는 언니 같은 책이다.

— 오세진 / 작가